JOHANNA HETZNER

Mit Engeln sprechen

arkana

JOHANNA HETZNER

Mit Engeln sprechen

Wie Sie die Weisheit der
himmlischen Lichtwesen
für Ihr Leben nutzen

arkana

MIX
Aus verantwortungs-
vollen Quellen
FSC® C005833

Verlagsgruppe Random House FSC® N001967
Das für dieses Buch verwendete
FSC®-zertifizierte Papier *Munken Premium Cream*
liefert Arctic Paper Munkedals AB, Schweden.

1. Auflage
Originalausgabe
© 2014 Arkana, München
in der Verlagsgruppe Random House GmbH
Lektorat: Daniela Weise
Layout und Satz: Buch-Werkstatt GmbH, Bad Aibling / Kim Winzen
Umschlaggestaltung: Uno Werbeagentur, München
Umschlagmotiv: FinePic®, München
Druck und Bindung: Těšínská tiskárna, a.s., Český Těšín
Printed in the Czech Republic
978-3-442-34150-4

www.arkana-verlag.de

Inhalt

Vorwort

Es gab eine Zeit in meinem Leben, da hätte ich von so etwas wie Engeln nichts wissen wollen. Als Kind hatte ich eine sehr enge und hilfreiche Beziehung zur geistigen Welt gehabt, dann aber verlor sich das. Ich machte meine Ausbildung, arbeitete als Sport-Physiotherapeutin und später als Heilpraktikerin. So war ich zwar an Heilung interessiert, aber nicht im ganzheitlichen Sinne. »Esoteriker«, ich gebe es zu, belächelte ich in dieser Phase meines Lebens etwas.

Durch eine Freundin geriet ich dann, ohne recht darüber nachgedacht zu haben, in ein Seminar zum Thema Prana Healing, einer Energiearbeit, die mir die Augen dafür öffnete, was alles möglich ist. Eine jahrelang verschlossene Tür wurde wieder aufgestoßen. Eine Zeit lang besuchte ich ähnliche Seminare, die mein Bewusstsein gründlich erweiterten, ließ mich bei einem englischen Medium ausbilden und – völlig unerwartet für mich – konnte plötzlich in Erfahrungen meiner frühesten Kindheit neu eintauchen und dort erleben, wie gut behütet und begleitet ich durch die geistige Welt und insbesondere die Engel schon immer gewesen war.

Da sich meine Wahrnehmung rasch verfeinerte, ich bestimmte Gaben des Heilens stetig weiter ausbauen konnte und mich das energetische Arbeiten mit seinen wirklich unendlichen Möglichkeiten einfach immer stärker faszinierte, wurde es irgendwann Zeit für einen nächsten Schritt: Ich brauchte meinen ganzen Mut, die eher ungewöhnlichen Techniken des energetischen und ganzheitlichen Heilens nun auch in meiner gut gehenden Praxis einfließen zu lassen. Wie würden die Patienten reagieren? Um es kurz zu machen: Die allermeisten waren offen und begeistert, und es kamen viele neue hinzu, die ausschließlich »mit Energie« behandelt werden wollten. Bald gab ich Seminare, die den Teilnehmern Möglichkeiten zeigten, sich selbst wirkungsvoll zu helfen. Ich lerne seither immer wieder dazu, experimentiere, probiere aus – und bin sehr dankbar für diesen Weg, der tatsächlich Welten miteinander verbindet.

Leben heißt Entwicklung, und so gehe ich mit diesem Buch einen weiteren Schritt. Ich stelle Ihnen darin meine Erfahrungen mit der Engelwelt vor und lade Sie ein, sich ebenfalls für diese Energien zu öffnen, die zu den heilsamsten und berührendsten gehören, denen wir auf dieser Erde begegnen können.

Ich kenne die Vorbehalte, die viele gerade dem Thema Engel gegenüber haben. Als ich dieses Buchvorhaben – mein zweites nach der »Quantenheilung« – einmal probehalber in einer familiären Runde ansprach, machte mir meine Sitznachbarin sofort, auch durch ihre Körpersprache, deutlich, was sie davon hielt: »Quantenheilung, das mag ja noch gehen, das klingt nach moderner Physik, auch wenn es keiner versteht. Aber Engel? Oje, jetzt dreht sie ab!« Ich finde diese Haltung schade, einerseits. Andererseits kenne ich selbst Menschen, die durch ihre »spirituelle« Entwicklung den Bodenkontakt verloren haben und deren »heilige« Reden über Engel und andere geistige Wesen alles andere als überzeugend sind.

Doch es gibt sehr gesunde und erdverbundene Wege, sich mit diesen hoch schwingenden und tatsächlich ungewöhnlichen, weil nicht alltäglichen Energien und Wesen zu befassen – Wege, die auf allen Ebenen des Lebens tatsächlich weiterhelfen können und uns Mensch sein lassen mit allem, was dazugehört. Einen solchen Weg möchte ich Ihnen hier vorstellen. Vielleicht haben Sie Lust, sich etwas Wunderbarem zu öffnen, sich überraschen, berühren und heilsam verwandeln zu lassen.

Sie stünden damit in einer langen Tradition. Seit Jahrtausenden umgeben sich die Menschen vieler Kulturen gern und bewusst mit der liebevollen Energie der Engel. Und diese geflügelten, göttlichen Helfer in ihren unterschiedlichen Manifestationen sind auch heute nicht verschwunden. Ihre Kraft ist ungebrochen. Gerade in unserer sehr fordernden Zeit erleben viele, viele Menschen ihre Energie als unversiegbare Kraftquelle und verlässliche Hilfe. Manche reden (und schreiben) darüber, andere nutzen dieses großartige Geschenk einfach still für sich selbst.

Mit diesem Buch möchte ich Ihnen den besonders berührenden Weg der Heilung im Kontakt mit Engeln auf eine sehr praktische Weise vorstellen. Ich will Sie dabei insbesondere dazu anregen, die Energie der unterschiedlichen Engel erspüren und genießen zu lernen. Es geht also nicht um den Glauben an diese überirdischen Mächte, sondern um das reale Erfahren ihrer heilsamen Schwingungen. Verankert sich diese Erfahrung in einem Menschen, wird er sich fortan umso leichter in schwierigen Lebenssituationen von der geistigen Welt unterstützen lassen und so auf deutlich kraftvollere und entspanntere Weise den eigenen Lebensweg beschreiten können.

Mir geht es immer vorrangig um die Praxis. Was nützt es Ihnen, wenn Sie hundert Engelnamen wissen und erklären können, wie man sich zu welchen Zeiten in welcher Kultur Engel vorgestellt hat? Sicher, solch ein Wissen ist interessant. Aber hilfreich im Leben und erst so richtig faszinierend wird es, wenn Sie das spüren und selbst erfahren und erleben können, was die Menschen zu allen möglichen anderen Zeiten auch wahrgenommen und als »Engel« bezeichnet haben. Viele praktische Anregungen und Meditationsübungen in diesem Buch und auf der beiliegenden CD sollen Sie daher in die Lage versetzen, jederzeit mit der Engelwelt Kontakt aufzunehmen – ganz gleich, ob Sie damit schon Erfahrung haben oder nicht. Sie können sich so Verstärkung oder Trost, neuen Mut oder eine klärende Botschaft, eine liebevolle Umarmung oder einen Heilimpuls holen. Neben dem Schutzengel, der allein schon ein ganzes Menschenleben wandeln kann, finden Sie einzelne Erzengel porträtiert, damit Sie sich regelrecht »durchkosten« können durch die wundervollen Energien unserer himmlischen Helfer. Ich wünsche Ihnen viel Freude dabei, berührende Erfahrungen und heilsame Veränderungen in Ihrem Leben.

Johanna Hetzner

Engel sind Energiewesen

Auf einmal wurde ich ganz ruhig und wusste, dass es einen Weg geben wird.« »In meiner Angst rief ich plötzlich in Gedanken nach Erzengel Michael, der ja als Schutzhelfer gilt, dass er mich durch diese unbeleuchtete Straße führen soll, die schon tagsüber recht unheimlich war. Und plötzlich konnte ich vorangehen und fühlte mich seltsam sicher.« »Es war, als hätte sich ein weicher, sanfter Schleier über alles gelegt, und ich fühlte meine Schmerzen gar nicht mehr.«

So und ähnlich – und doch auch immer wieder ganz neu – hören sich Menschen an, die von einer Begegnung mit einem Engel erzählen. Zentral scheint immer ein Moment der Heilung zu sein, wenn es um solche Begegnungen geht. Ob die Engel bei der tatsächlichen Heilung von einer Krankheit spürbar werden, beim Verhindern eines Unfalls oder vielleicht bei der Lösung eines Konflikts zwischen zwei Kolleginnen, immer entwickelt sich etwas weiter, wird etwas rund, kann etwas in gute Bahnen gelenkt werden. Wahrscheinlich ist das auch ein wesentlicher Grund dafür, warum ich mich als Heilpraktikerin und Heilerin so sehr zu Engeln hingezogen fühle. Ich finde es einfach faszinierend, mit welch großer Wirkung und nicht zuletzt auch innerer Freude sich mit den Engelenergien arbeiten lässt. Und dabei ist es so einfach, wie Sie hoffentlich auch bald erfahren können.

Heute begegnen wir im spirituellen Bereich Heilmethoden, die richtiggehend verrückt wirken. Das geht bis dahin, dass im geistigen Heilen, wie es insbesondere aus Russland zu uns kommt, Organe und Zähne wiederhergestellt werden. Gern wird dann die Quantenphysik bemüht, aber wenn wir ehrlich sind, wissen wir einfach nicht, wieso jemand gesund wird oder sich sein Leben grundlegend ändert, nur weil man beispielsweise die Hände in sein Energiefeld hält und den Geist konzentriert. Auf eines kann man sich sicher einigen: Was letztlich heilt, ist die Energie. Und so könnte man das, was seit Jahrtausenden als »Engel« bezeichnet wird, auch einfach als Energieformen ansehen. Ein Baum ist Energie, wir Menschen sind Energie, und Engel sind es ebenso.

Was genau sind Engel?

Alle drei monotheistischen Weltreligionen – Judentum, Christentum und Islam – kennen in ihren heiligen Schriften Engel. Zahllose Überlieferungen weltweit belegen die überwältigende Wirkung, die diese meist geflügelt dargestellten Wesen auf uns Menschen haben. Unzählige Berichte bezeugen Wunder der Heilung, die sie bewirkt haben – Heilung im weitesten Sinne, an Körper, Geist und Seele ebenso wie in Beziehungen oder bei großen Vorhaben. Werke der bildenden Kunst über Jahrhunderte hinweg zeigen Engel als Beschützer, Heiler oder auch »Informanten«, die Menschen Botschaften aus den göttlichen Sphären zukommen lassen.

Anselm Grün sagt, dass Engel uns näher sind als Gott. Tatsächlich können wir uns von ihnen ein Bild machen, sie in gewisser Weise wahrnehmen und uns direkt und spürbar mit ihnen austauschen. Viele Menschen sind auch mit der Vorstellung eines Schutzengels aufgewachsen. Als Erwachsene haben sie ihn vielleicht etwas aus den

Augen verloren, aber dennoch ist er für sie immer eine verlässliche Größe geblieben, die zu ihrem Leben gehört.

Engel sind seit Jahrhunderten eine konstante Kraftquelle für uns Menschen. Sie werden uns dabei aber auch immer irgendwie ein Rätsel bleiben. Wer sollte entscheiden, ob sie reale Wesen sind, die uns besuchen und uns helfen, wenn wir darum bitten, oder ob wir Menschen einfach den Energien purer Liebe und großer friedvoller Kraft irgendwann die Bezeichnung Engel gegeben haben? Oder ob wir sie gar mit unserem Bewusstsein, unserem Sehnen und Wünschen selbst geschaffen haben? Solche Fragen führen letztlich in den Bereich des Glaubens, des Hypothetischen und sind abhängig von der Erfahrung des Einzelnen, von seinem individuellen Erleben und seiner Weltanschauung. Ich will sie hier deswegen weitgehend unberührt lassen und Sie mehr zum Spüren hinführen, das den ständig fragenden Teil dann auch bald verstummen lässt. Um die Engel heilsam und hilfreich wahrnehmen zu können, muss man nicht viel wissen. Man muss sich vor allem öffnen und seine eigenen Erfahrungen machen.

Sicher kennen auch Sie Menschen, die sich über so etwas wie Engel lustig machen, oder sind selbst sogar noch etwas skeptisch, wohin Sie dieses Buch führen will. Mir ist es wichtig, dass es beim Umgang mit Energien wie denen der Engel nicht um Glauben, sondern um gelebte Erfahrungen geht, die im Leben weiterhelfen. Daher will ich mich gar nicht allzu lange mit Theoretischem aufhalten. Das tu ich auch in meinen Kursen nicht – und das Feedback der Teilnehmer zeigt mir, dass sich auf diese Weise die anfangs in den Köpfen herumschwirrenden Fragen meist von allein klären.

Viele Engel, viele unterschiedliche heilsame Energien

Alles im Leben hat seine eigene Schwingung, die man mit etwas Sensibilität spüren kann. Eine Eiche wirkt anders als eine Espe, Wut fühlt sich anders an als Freude, und Erzengel Michael hat eine andere Ausstrahlung als Ihr Schutzengel. Den Engeln werden seit Langem Farben zugeordnet, in denen sie wahrgenommen werden können und die auch ihre jeweils eigene Schwingungsenergie repräsentieren. Da sie so unterschiedlich wirken, werden ihnen auch bestimmte Aufgabengebiete zugewiesen. Die bekanntesten Beispiele dafür sind sicherlich die Heilung als Aufgabenfeld von Erzengel Raphael und der Schutz als Domäne von Erzengel Michael. Solche Zuordnungen haben ihren Sinn, ich handhabe sie aber nicht zu streng, wie Sie noch sehen werden.

So wie es ganz unterschiedliche Engelenergien gibt, kann man sich ihnen auch auf die vielfältigsten Weisen annähern. In meinen Kursen probiere ich mit den Teilnehmern immer wieder neue Wege der Kontaktaufnahme zu den Engeln aus und ermutige auch dazu, selbst kreativ zu werden. Auch hier im Buch und auf der CD finden Sie unterschiedliche Möglichkeiten, und ich lade Sie herzlich ein, damit zu spielen.

Den inneren Kraftplatz finden

Erste Spürübungen können Sie auf Ihre Engelbegegnungen vorbereiten, die dann umso intensiver werden. Ihr System wird auf eine subtilere Wahrnehmung eingestimmt, als sie im Alltag gebräuchlich ist, und so können Sie dann die Energien der Engel leichter erfassen.

Mit einem Engel können Sie natürlich jederzeit in Kontakt kommen, und oft sind es ja gerade brenzlige oder stressige Situationen, in denen wir sie brauchen und sogar unwillkürlich rufen. Um sie richtig kennenzulernen, sich auf sie einzulassen, sich genüsslich in ihre Energie hineinfallen zu lassen, sind aber ruhigere Momente sinnvoll. Und ein sicherer Wohlfühlort. Den können Sie sich im Außen gestalten, um ungestört und entspannt Ihre Engel empfangen zu können. Er empfiehlt sich aber auch im Inneren: ein innerer Kraftplatz also, an den Sie sich zurückziehen können und der Ihnen auch als Begegnungsstätte dienen kann.

Mit der folgenden Übung können Sie ihn zunächst einmal kennenlernen. Lesen Sie sich den Text ein paar Mal durch, bis Sie ihn so weit verinnerlicht haben, dass Sie sich auf diese Reise begeben können. Sie können ihn sich aber auch vorlesen lassen oder ihn mit ruhiger Stimme langsam auf ein Aufnahmegerät oder das Handy sprechen und sich dann vorspielen.

15

◆ Setzen Sie sich bequem hin und atmen Sie ein paar Mal tief und ruhig ein und aus.

◆ Schließen Sie die Augen und stellen Sie sich eine große, weite Wiese vor. Blumen blühen in allen denkbaren Farben, Vögel zwitschern, der Himmel leuchtet in einem wundervollen Blau. Es ist warm, und Sie spüren eine angenehme Brise auf der Haut.

◆ Sie gehen ein paar Schritte und bemerken den Fluss des Lebens, der ruhig dahinfließt. Das Wasser glitzert in der Sonne, tausende tanzende Lichtfünkchen.

◆ Nun sehen Sie einen Weg vor sich. Wohin führt er wohl? Neugierig laufen Sie los. Sie folgen diesem breiten oder schmalen Weg immer weiter. Leichten Schrittes gehen Sie voran.

◆ Irgendwann kommen Sie an einen markanten Punkt in der Landschaft: eine Lichtung, die sich im Wald auftut und zum Rasten einlädt, ein uralter, kraftvoller Baum oder vielleicht ein Steg an einem stillen Seeufer. Sie schauen sich diesen Platz an. Was genau sehen Sie? Welche Stimmung nehmen Sie wahr?

◆ Lassen Sie sich nieder, und machen Sie es sich gemütlich. Vielleicht wollen Sie sich an Ihren uralten Baum anlehnen und seine stützende Kraft im Rücken spüren. Oder Sie lassen die Füße im kühlen Wasser des Sees Frische tanken. Atmen Sie tief ein und aus, und genießen Sie Ihren Ort der Kraft.

◆ Wenn es dann erst einmal genug ist, gehen Sie den Weg, den Sie gekommen sind, wieder zurück zu Ihrer großen Wiese. Dort atmen Sie noch einmal kräftig durch und kommen langsam wieder in Ihrem Körper an, indem Sie die Füße und Hände bewegen und sich ausgiebig rekeln und strecken.

Ihren Kraftplatz können Sie immer wieder aufsuchen, auch einfach so zwischendurch zum Auftanken. Sie werden merken, dass sich dieser Ort mit der Zeit verändert. Wenn Sie öfter dort sind und sich vielleicht auch mit den Baum- und anderen Wesen unterhalten, wird er immer schöner und kraftvoller. Sie können dort Botschaften erhalten, drängende Fragen stellen – und natürlich Ihre Engel kennenlernen. Dazu kommen wir etwas später. Jetzt geht es erst einmal um das Verfeinern des Spürens.

Farben erspüren

Das Erspüren von Farben gehört für mich unbedingt zum Thema Engelkontakte. Denn jeder Engel schwingt in einer anderen Frequenz, und so gehört auch eine andere Farbschwingung zu ihm. In vielen Überlieferungen werden sie auch mit einer bestimmten Farbe dargestellt: Erzengel Michael in einem silbrigen Blau und Erzengel Uriel in einem kräftigen Rot beispielsweise. Zu wissen, wie die Farben auf den eigenen Körper und die Empfindungen wirken, macht die Beziehungen zu Engeln daher umso intensiver.

* Legen Sie sich Papierbögen in unterschiedlichen Farben zurecht.
* Wählen Sie eine Farbe aus, legen Sie das Blatt auf den Boden und stellen Sie sich darauf.
* Und jetzt ganz in Ruhe nachspüren und die Farbe wirken lassen. Was nehmen Sie wahr? Wirkt sie kalt oder warm? Löst sie Gefühle oder innere Bilder in Ihnen aus?
* Sie können das Blatt auch zwischen die Hände nehmen und auf diese Weise probieren, was Sie bei den einzelnen Farben empfinden.

17

Wenn Sie mit geschlossenen Augen üben und die Blätter »blind« aus dem Stapel ziehen, wird das Ganze noch intensiver. Dann werden Sie nicht von schon bestehenden Vorstellungen zu den Farben beeinflusst. Sie lassen sich frei darauf ein, was Sie tatsächlich bemerken: in den Händen, unter den Füßen, im Bauch, im Bereich des Herzens … Manchmal dauert es eine Weile, bis tatsächlich etwas wahrnehmbar ist. Bleiben Sie einfach dran und versuchen Sie, immer feinfühliger zu werden und dem zu vertrauen, was sich an Wahrnehmungen einstellt. Wir sind es meist nicht gewohnt, mit Energien in bewussten Kontakt zu gehen. Aber wir alle haben die Möglichkeit dazu, und mit etwas Übung werden wir immer vertrauter damit.

Energie zwischen den Händen spüren

Es wird hier viel von Energie geredet, und dabei allein soll es natürlich nicht bleiben. Spüren lässt sie sich für die meisten am leichtesten, wenn sie sich auf den Raum zwischen den Händen konzentrieren. Und sie zu spüren ist der erste Schritt, um sie auch gezielt zu nutzen.

◆ Stellen oder setzen Sie sich bequem aufrecht hin und halten Sie Ihre Hände etwa in Brusthöhe vor sich, die Handflächen zueinander gewandt.

◆ Lassen Sie etwa schulterbreit Abstand zwischen den Händen und spüren Sie in diesen Raum hinein. Können Sie etwas wahrnehmen? Wärme, Kühle, Dichte, ein Ziehen?

◆ Bewegen Sie die Hände langsam etwas zusammen und wieder auseinander. Was wird spürbar? Ist da etwas zwischen den Händen, nicht sichtbar, aber dennoch deutlich wahrzunehmen?

◆ Spielen Sie ein wenig mit dem Abstand. Wie weit können Sie die Hände voneinander entfernen, bis Sie nichts mehr spüren? Wie ist es, wenn Sie sie ganz dicht zueinander bringen?

Oft höre ich das Feedback, dass sich scheinbar Fäden zwischen den Händen bilden, die richtig auseinandergezogen werden müssen, wenn sich die Hände voneinander wegbewegen. Und beim Zusammennehmen der Hände arbeitet man deutlich gegen einen Widerstand an, als würde man einen Ball zusammendrücken. Haben Sie das oder etwas Ähnliches oder auch etwas ganz anderes gespürt? In den Gesichtern von Kursteilnehmern – ob es um Engelarbeit, Auraerfahrung oder die Quantenheilung geht – sehe ich bei dieser Übung meist das freudige Erstaunen, wie viel eben doch wahrnehmbar ist, auch wenn man zuvor meinte, »das nicht zu können«.

Der erste Kontakt mit einer Engelenergie

Nach diesen Spürübungen sind Sie bereit für den ersten Engelkontakt – wobei es vielleicht gar nicht Ihre erste Begegnung mit einem Engel ist. Wenn sie sich mit dem Thema befassen, merken viele, dass es in ihrem Leben bereits die eine oder andere Situation gegeben hat, in der es eigentlich nur ein Engel gewesen sein kann, der ihnen beigestanden, sie aus einer misslichen Lage befreit oder das Blatt auf scheinbar wundersame Weise zum Guten gewendet hat. Vielleicht geht es Ihnen beim Lesen ab und zu so, dass Sie merken: »Ja, da war doch damals … Das kann doch tatsächlich ein Engel gewesen sein, oder?« Und vielleicht wollen Sie dann diesen alten Kontakt neu beleben – Möglichkeiten dazu finden Sie hier im Buch viele.

Kommen wir jetzt also zum ersten Spürkontakt mit einem Engel. Ich habe dafür Erzengel Uriel ausgewählt. Er ist vielleicht nicht so bekannt wie Michael oder Gabriel. Aber er lässt sich aufgrund seiner kraftvollen Energie und der Schwingung der dunkelroten Farbe, die zu ihm gehört, sehr gut spüren.

- ◆ Stellen oder setzen Sie sich aufrecht und bequem hin. Um sich gut zu erden, spüren Sie, wie die Fußsohlen den Boden berühren.
- ◆ Halten Sie wieder die Hände mit den zueinander gerichteten Handflächen vor sich hin und spüren Sie zunächst Ihre eigene Energie zwischen ihnen.
- ◆ Rufen Sie jetzt in Gedanken oder auch laut ausgesprochen Erzengel Uriel zu sich. Bitten Sie ihn, sich in einer Weise, die Sie gut aushalten können, vor Sie hinzustellen – und warten Sie, was geschieht. Es kann helfen, wenn Sie sich seine kräftig rot-goldene Farbe vorstellen. Achten Sie auf Veränderungen in Ihrer Wahrnehmung.

- Sie können jetzt die Hände so öffnen, dass Ihre Handflächen zum Engel hin zeigen. Vielleicht wollen Sie auch eine Hand nach ihm ausstrecken. Sie können ihn fragen, ob Sie ihn berühren dürfen, und dann ganz vorsichtig nach ihm tasten. Was nehmen Sie wahr? Ist die Energie vor Ihren Händen dichter oder weicher, vielleicht wärmer oder kühler? Registrieren Sie alles, was Ihnen auffällt, das können auch Empfindungen oder Gefühle sein, die in Ihnen aufsteigen. Oder Sie nehmen plötzlich einen Geruch wahr oder sehen etwas vor Ihrem inneren Auge. Machen Sie sich bewusst, dass eine Kommunikation zwischen Erzengel Uriel und Ihnen begonnen hat.
- Lassen Sie sich nun von dem leiten, was Ihnen in den Sinn kommt. Lauschen Sie auf alles, was aus Uriels Richtung kommt. Vielleicht steigen auch Gedanken in Ihnen auf, oder Sie erhalten auf eine andere Weise eine Botschaft.

- Wenn Sie eine Frage haben, können Sie natürlich auch konkret um eine Antwort oder eine Botschaft für Ihre aktuelle Situation bitten. Was dann erscheint, kann eine klare Antwort in Worten sein, die sich in Ihrem Kopf formt, oder aber Sie sehen ein Bild oder ein Symbol vor Ihrem geistigen Auge, das Ihnen weitere Hinweise gibt. Manchmal ist auch plötzlich ein inneres Wissen darüber da, welcher Weg jetzt ansteht. Möglicherweise erhalten Sie nichts weiter, merken aber später, dass sich etwas gewandelt hat und diese Frage Sie plötzlich gar nicht mehr quält oder Sie Ihr Verhalten verändert haben.
- Wenn Sie spüren, dass sich die Energie zurückzieht, bedanken Sie sich bei Uriel und verabschieden sich. Spüren Sie wieder nach, was sich verändert.
- Machen Sie sich am Ende bewusst, was Sie erlebt haben. Oftmals wird uns erst im Nachhinein klar, was alles geschehen ist, wenn wir währenddessen dachten, es wäre gar nichts spürbar.

Wie ging es Ihnen mit dieser Übung? Haben Sie etwas gespürt? Oft erwarten wir spektakuläre Dinge, die geschehen müssten, wenn wir einem Engel begegnen oder auf andere Weise Heilung erfahren. Wer heute dafür offen ist, hat bereits sehr viel gelesen oder in Filmen gesehen – und immer war es überwältigend. Gleißendes Licht, Kräfte, die einen umwerfen und das ganze Leben mit einem Schlag verändern. Die Realität kann sicherlich so sein, meist ist sie aber anders. Heilsame Momente sind oft sehr leise, unscheinbar fast – und doch hat sich etwas verändert. Ein Seminarteilnehmer beschrieb das einmal sehr schön nach dieser ersten Spürübung mit Erzengel Uriel: »Ich war schon enttäuscht, weil nichts passierte. Klar war da mehr Kribbeln in den Händen, als ich sie nach Uriel ausstreckte. Aber sollte das alles gewesen sein? Plötzlich merkte ich, dass ich ganz ruhig geworden war. Und ich wusste auf einmal so viel: dass ich mich auf ein rotes Blatt Papier setzen sollte, um mehr Lebenskraft zu tanken, und dass immer Hilfe da ist, dass ich nicht allein sein muss mit dieser Schwäche, die ich seit ein paar Wochen immer so unterschwellig spüre. Ich hatte gar nicht danach gefragt, aber die Hilfe war da und fühlte sich sinnvoll an. Es war nicht viel passiert, aber hinterher merkte ich, dass ich nicht allein bin mit meinen Wehwehchen und dass ich echt wieder zu Kraft kommen kann. Ich bin ganz berührt davon, so geborgen.«

Vor allem, wenn die Wahrnehmung mit der Zeit feiner geworden ist, kann es natürlich sein, dass Sie auch immer mehr an Details bemerken – einen Luftzug, eine Veränderung der Temperatur um Sie her und so weiter. Von Anfang an aber ist etwas spürbar, und es ist meist viel feiner, als Sie erst mal glauben. Es lohnt sich also, sich darauf einzulassen und nur aufmerksam zu sein.

Erzengel Uriel

Ich bin der Beginn, die Initialzündung, die bewegende Energie. Ich durchflute dich mit der Kraft, die du nicht zu haben glaubst. Deine Kraft, meine Kraft? Fremde Kraft, eigene Kraft? Es gibt nur Kraft, Energie, lebendiges Sein. Ich zeige dir, wie du dich an den Strom der Energie neu anschließen kannst, wie du dich verbinden kannst mit der Kraft, die dir zu fehlen scheint.

Ich zeige dir, dass wahre Kraft aus tiefster Ruhe kommt. Wenn du still geworden bist, wirst du wissen, wofür du weitergehen willst. Du wirst dein Ziel kennen und auch die Quelle der Kraft, die dich mit allem Nötigen versorgt, damit du es erreichen kannst.

Aus der Tiefe dieser inneren Ruhe wirst du den göttlichen Plan erkennen und ins Materielle umsetzen. Du verbindest dich durch mich mit der größeren Bewusstheit und wirkst aus ihr heraus. Abweichungen rücken sich wieder gerade. Zerstörtes wächst zu neuer Stärke heran. Selbst nach Naturkatastrophen bin ich als Hüter der kosmischen Ordnung bei den Menschen, um sie die ruhige Kraft zu lehren, aus der heraus sich etwas Neues manifestiert.

Ich fordere und fördere dich, bis wieder Lebensfreude und Selbstvertrauen spürbar werden, bis du um das Geheimnis der Erdung weißt und zum Zentrum deines Seins wirst. Mutig gehst du dann in aller Stille weiter voran.

Dieses »Porträt«, ebenso wie die anderen Engelporträts in diesem Buch, können Sie immer wieder mal lesen; sie können Ihnen helfen, sich auf einen Engel einzustimmen, wenn Ihnen das sonst noch schwerfällt. Was da geschrieben steht, sind Worte, die mir in der Verbindung mit dem jeweiligen Erzengel oder Engel bewusst wurden, die sich wie von selbst in mir formten, als ich um eine »Selbstdarstellung« oder eine Botschaft bat. Sie können den jeweiligen Engel in einer ganz anderen Weise wahrnehmen, Sie sind nicht an diese Worte gebunden. Und doch habe ich die Erfahrung gemacht, dass die Engel sich den meisten Menschen in recht ähnlicher Weise zeigen. Insgesamt aber werden sie Ihnen immer in der Weise begegnen, die Ihnen gerade weiterhelfen kann. Sie können sich also an diesen Porträts orientieren, wenn Sie das möchten, sie auch als Basis für Engelmeditationen nutzen – und zugleich können Sie frei und offen in Geist und Herz eigene Erfahrungen machen.

Sie sind wirklich für uns da!

Vielleicht haben Sie es bei diesen ersten Übungen schon bemerkt oder kennen es aus anderen Zusammenhängen: Es tut sich etwas Neues im Leben auf – ein Weg, auf dem sich tatsächlich Grundlegendes verändern könnte –, und wir reagieren mit Abwehr, Angst und Widerstand. Gerade im esoterischen oder spirituellen Bereich sind solche Reaktionen recht typisch. »Das kann gar nicht sein! Als ob das Leben so einfach wäre!« »Das bilde ich mir nur ein, in der Zeitung steht schließlich nichts von solchen Dingen!« »Bin ich denn verrückt, einfach irgendwelche Energien an mir wirken zu lassen?! Ich weiß doch gar nicht, was das auslöst. Am Ende ändert sich alles in eine

Richtung, die ich gar nicht will!« Oder auch: »Warum sollte ein Erzengel ausgerechnet mir helfen? Der hat doch sicher Besseres zu tun!«

Ich werde an dieser Stelle gar nicht versuchen, solche Gedanken mit Argumenten zu entkräften. Dann würde wahrscheinlich nur eine heiße Diskussion in Ihrem Kopf entbrennen. Wieder will ich Sie stattdessen aufs Spüren verweisen: Wie fühlen sich diese Energien an, diese Veränderungen, diese Wahrnehmungen? Ist da etwas in Ihnen, das merkt, dass Ihnen diese Kräfte zutiefst guttun und deshalb kaum verkehrt sein können? Können Sie dem vertrauen, was Sie spüren, wenn Sie in Kontakt mit einem Engel sind? Und selbst wenn im Nachhinein eine Angst oder unangenehme Empfindung entsteht: Können Sie sich selbst damit annehmen und es spüren, wertfrei und als momentanen Ausdruck dessen, was Sie ausmacht?

Oft hilft es, das Thema oder aufkommende Zweifel eine Zeit lang im Hintergrund einfach da sein zu lassen und normal weiterzuleben. Meist wacht man dann eines Morgens mit neuer, entspannter Klarheit auf. Das System hat für sich selbst gesorgt und einen weiteren »Sturm im Wasserglas« überstanden. Sie haben sich auf Ihren Prozess eingelassen und sind zu einer neuen Stufe gelangt, vielleicht ganz leise und obwohl es sich wie Stillstand oder Rückschritt anfühlte. Wenn ein Kind eine Krankheit durchlebt, ist es ähnlich: Es steht nachher wieder auf und ist gewachsen, körperlich und auch im Kopf. Es hat einen Prozess durchlebt, sonst aber eigentlich nichts tun müssen oder können.

Ich glaube, wir brauchen unsere kleinen und großen Krisen, um über uns nachzudenken, unsere Einstellungen in Frage zu stellen, zu neuen Ufern zu gelangen – oder auch um zu bemerken, dass wir gerade nicht weiterkommen und jetzt einfach Ruhe geben sollten, bis uns das Leben einen neuen Weg weist. Es gibt ja viele Ebenen, auf denen es weiterarbeitet: Schlafen und Träumen gehören zum Beispiel auch dazu. Niemand kann uns unsere Prozesse und Entwicklungsschritte abnehmen. Auch die Engel nicht. Sie können uns, wie auch unsere Mitmenschen oder professionelle Helfer, unterstützen – aber gehen müssen wir unseren Weg selbst. Das jedoch wird umso leichter, wenn wir wissen, dass Hilfe da ist – und sei es, dass wir uns in einer trüben Stunde von einer liebevollen Engelenergie umarmen lassen können, die uns ohne Worte klarmacht: »Es geht immer weiter im Leben, ruh dich jetzt aus, du musst nichts tun, du musst nichts wissen. Wir sind für dich da.«

Das Vertrauen in den Beistand der Engel stärkt sich über die Erfahrungen, die wir mit ihnen machen. Folgen Sie also von den vielen Anregungen im Buch denen, die Ihnen Freude machen. Probieren Sie alles Mögliche aus und werden Sie selbst kreativ. Haben Sie – wie es eine Klientin erzählte – nachts in einem ansonsten schönen, einsamen Feriendomizil Angst, bitten Sie Erzengel Michael, sich selbst oder einige aus der Schar seiner Engel auf dem Dach des Hauses zu platzieren. Sie werden schnell Ruhe und Sicherheit spüren und friedlich schlafen. Haben Sie vor einem wichtigen Termin ein extrem hellhöriges und unruhiges Hotel am Flughafen erwischt – wie es mir einmal ging –, bitten Sie einen der Engel, sich als Wachposten vor Ihrer Tür aufzustellen. Wahrscheinlich wird der Wandel sofort spürbar sein ... Mit solchen Erfahrungen schaffen Sie sich das irgendwann selbstverständliche Vertrauen, dass die Energien der Engel da sind und Sie unterstützen – mit schier unendlicher Kreativität und in bedingungslosem Wohlwollen. Und vielleicht werden Sie mit der Erfahrung beschenkt, dass alles viel einfacher ist, als Sie dachten.

So findet jeder
»seinen« Engel

Sie werden in diesem Buch einige weitere Erzengel und Engel kennenlernen. Ich stelle sie Ihnen aus meiner Erfahrung vor, um Sie anzuregen, »Ihren« Engel zu finden und eine stärkere Beziehung zu ihm aufzubauen. Zahlreiche Überlieferungen legen mehr oder weniger übereinstimmend fest, welcher Engel welche Aufgabe hat. Aber allzu starre Zuordnungen entsprechen gar nicht unbedingt der Realität – nicht zuletzt deshalb, weil sich die Zeiten stark verändern. Natürlich kann Erzengel Michael angerufen werden, wenn ein Mensch Schutz braucht. Hat derjenige aber einen innigeren Bezug zu Erzengel Raphael, ist es für ihn viel besser und leichter, diesen herbeizubitten. Ich lade Sie also ein herauszufinden, welche Engelenergie mit Ihrem System am angenehmsten und heilsamsten in Resonanz geht. Das ist ein wesentlicher Sinn all der praktischen Übungen hier. So können Sie mit genau dem passenden Engel eine tiefere Beziehung aufbauen und umso mehr von dieser Begegnung profitieren. Was natürlich nicht ausschließt, dass Sie sich auch anderen Engeln zuwenden können, um Erfahrungen zu sammeln.

Vermischte Aufgabenfelder

Leben wir nicht in einer Zeit, in der es in Familien, aber auch im Beruflichen immer wichtiger wird, sich nicht allzu streng an Rollen und Aufgabenfelder zu klammern? Schließlich geht es darum, dass wir gemeinsam die uns alle angehenden Aufgaben bewältigen. Und die sind heutzutage nicht gerade klein. Also müssen wir alle bereit sein, das zu tun, was nötig ist.

Bei den Engeln scheint mir das genauso zu sein. Wenn wir sie zu uns rufen und um Hilfe bitten, tun sie genau das, was am dringendsten nötig ist und was jetzt am besten helfen kann. Dabei ist es nicht wichtig, ob das gerade Anstehende nun genau in ihr Aufgabenfeld passt. Außerdem könnte man sagen, sie agieren mit einem so umfassenden Überblick und im Bewusstsein der größeren Ordnung, dass sich die verschiedenen Arbeitsbereiche ohnehin begegnen, durchdringen und vermischen.

Beispielsweise Erzengel Uriel, von dem wir schon gesprochen hatten. Als Hüter der kosmischen Ordnung bringt er auch Ordnung in unseren Geist. Bitten wir ihn in einer Sache um Unterstützung, wird er wahrscheinlich für neue Klarheit und Struktur in unserem Kopf sorgen. Da wir aber ganzheitliche Wesen sind, wird der Körper nachziehen und sich dieser neuen geistigen Struktur anpassen. Es kann also auch auf physischer Ebene Heilung geschehen. Und dann sagt Uriel nicht: »Oh, das wäre eigentlich die Aufgabe des Heilerengels Raphael gewesen!« Er tut, was nötig ist – und was wir annehmen können. Er bringt uns wieder in Einklang mit der größeren Ordnung, und unser System gleicht sich auf all den Ebenen aus, die das gerade brauchen.

Trotz aller Aufgabenfelder ist es also möglich und auch tatsächlich sinnvoll, ein Leben lang nur mit einem Erzengel oder auch dem Schutzengel in Verbindung zu gehen. Wer mehr Abwechslung möchte, kann sich die natürlich geben. Aber wie man kaum zehn allerbeste Seelenfreunde haben kann, wird sich auch die Beziehung zu einem Engel umso tiefer gestalten und umso intensiver entwickeln, wenn wir vermehrt zu ihm die Begegnung suchen.

Kontakt aufnehmen

Schauen wir uns die verschiedenen Möglichkeiten an, mit einem Engel Kontakt aufzunehmen und in Beziehung zu treten. Stellen Sie sich vor, Sie haben Geburtstag und veranstalten ein großes Fest. Sie schmücken den Raum, sorgen für gute Musik, Essen und Getränke – und dann kommt keiner. Sie sitzen allein da, weil Sie das Wichtigste vergessen haben: den Leuten, die Sie dabeihaben wollten, Bescheid zu geben. Sie haben niemanden eingeladen – und es kam infolgedessen auch niemand. Ähnlich ist es mit den Engeln. Mag sein, dass insbesondere der Schutzengel immer um Sie ist. Doch eingreifen – außer in Notfällen – kann er nur, wenn Sie den Kontakt suchen, wenn Sie ihn rufen, zu sich einladen und um Unterstützung bitten.

Engel mit Worten oder Gebeten einladen

Es reicht, einen Engel mit einfachen Worten zu sich zu bitten. Wenn Sie wissen, wen genau Sie einladen möchten, nennen Sie seinen Namen. Wenn nicht, können Sie entweder den Schutzengel bitten, Ihnen den passenden Engel zu schicken (oder selbst zu kommen), oder Sie bitten ganz allgemein darum, dass der geeignete Engel zu Ihnen kommen möge. Gerade im Akutfall senden viele ein Stoßgebet »an Gott«. Das ist ebenso wirksam. Es heißt ja häufig, dass Gott seine Engel schickt, um zu helfen.

Um die Zuständigkeiten müssen Sie sich also keine Sorgen machen, das klärt die Engelwelt unter sich. Sie sehen einfach Ihren Chef auf Ihr Büro zusteuern, wissen, dass schwierige Verhandlungen anstehen oder in letzter Zeit einiges schiefgegangen ist, und sagen: »Schutzengel, bitte hilf mir schnell, die richtigen Worte zu finden!« »Erzengel

Uriel, bitte hilf mir, dass ich klar im Kopf bleibe bei dem folgenden Gespräch.« Oder auch: »Ich bitte irgendeinen Engel, mir zu helfen, dass diese Situation gut ausgeht.« Wollen Sie hingegen ein bestimmtes Thema angehen, können Sie wiederum den Schutzengel bitten, Ihnen den dafür passenden Engel zu nennen oder zu schicken. Oder Sie lesen die Porträts in diesem Buch oder eine »Zuständigkeitsliste« aus einem anderen Engelbuch durch und wählen so den Engel, der für Ihr Anliegen zu passen scheint. Der Einfachheit halber habe ich auch in diesem Buch die Engel, die ich Ihnen vorstellen möchte, in die einzelnen Kapitel und ihre Themen »einsortiert«.

Sobald Sie Ihre Einladung geäußert haben, sollten Sie achtsam sein, was passiert. Sie müssen keine Lichtgestalt vor sich sehen und auch kein Flügelrauschen vernehmen. Aber vielleicht spüren Sie einen Luftzug, oder es wird wärmer oder kühler, vielleicht verändert sich etwas in Ihrem Körper oder in Ihrer Stimmung. Manchmal spürt man sogar eine Hand auf der Schulter. Haben Sie Geduld damit, wirklich etwas Klares wahrzunehmen. Wenn nichts Konkretes auftaucht, machen Sie einfach in der Situation, in der Sie sind, weiter oder Sie sprechen mit dem Engel, begrüßen ihn, befragen ihn, ob Sie ihn bemerken oder nicht. Vertrauen Sie darauf, dass eine hilfreiche Energie Ihrer Einladung gefolgt ist. Oft bemerkt man erst später, dass sich etwas gewandelt hat – Sie sprechen plötzlich ganz anders mit dem Chef, als Sie es sonst taten, oder Sie merken Minuten später, dass Sie schon eine ganze Zeit über so eine innere Weite in der Herzgegend haben, die Sie gar nicht kennen.

Wenn Sie häufiger mit Engeln in Kontakt kommen möchten, werden Sie mit der Zeit Ihre passende Form der Einladung finden. Sie können sich regelrecht ein Gebet zurechtlegen, das Sie dann sprechen, wenn Sie Unterstützung oder einfach den Austausch mit einem Engel wollen. Sie können den Engel auch visualisieren und dabei gedanklich um sein Erscheinen bitten. Manche nutzen auch kleine Gegenstände – ein rotes Tüchlein für Uriel oder einen Rosenquarz für die Marienenergie –, die sie bei sich tragen und die sie im Alltag daran erinnern, dass die jeweiligen Energien da sind, oder ihnen einfach Sicherheit und Geborgenheit vermitteln. Man kann die Engel auch bitten, solch einen Gegenstand mit seiner Schwingung oder genau der Energie, die man am nötigsten braucht, aufzuladen.

Um Botschaften oder Antworten bitten

In Akutsituationen, aber natürlich auch zu Hause in Ruhe können Sie den Engeln, die Sie herbeigebeten haben, Fragen stellen oder sie um Botschaften für eine Situation oder allgemein Ihren Lebensweg bitten. Nicht selten ist es sogar so, dass sich Antworten auf Fragen zeigen, die nicht einmal gestellt worden sind, aber genau das ausmachen, was den Menschen im Grunde des Herzens derzeit in Atem hält. Konkret danach zu fragen ist aber ebenso sinnvoll. Es schenkt Ihnen mit der Zeit das Vertrauen, dass es eine Instanz gibt, die Rat weiß. Und dass Sie diese Instanz eigenständig erreichen können.

Auf welche Weise die Antwort kommt, das kann sehr unterschiedlich sein: neuartige Gedanken im Kopf, ein Schlüsselwort oder ein inneres Bild, eine Erinnerung oder auch eine Erfahrung in den Stunden oder Tagen nach diesem Kontakt, die plötzlich alles klar werden lässt. Keine Sorge, Sie werden die Botschaft verstehen, denn sie ist ja genau auf Ihr Leben und Ihre aktuelle Situation abgestimmt.

Sicher werden Sie in Ihren Begegnungen mit Engeln noch häufiger staunen: Da rufen Sie »jemanden« oder »etwas« herbei, bemerken denjenigen vielleicht nicht mal so richtig – und doch verändert sich etwas, und Sie erhalten eine Botschaft auf das drängendste Thema in sich. Woher wissen die Engel, was Sie brauchen? Ja, wer ist es überhaupt, der da so gut Bescheid weiß? … In solchen Momenten könnten Sie wieder ins Spekulieren und Hypothetisieren kommen. Das müssen Sie aber nicht. Lassen Sie es sein, sammeln Sie weitere Erfahrungen – und mit der Zeit kommen Sie auf Ihrem Weg wie von allein zu einer tieferen Klarheit.

Übrigens ist es auch möglich, einem Engel mit einer ihm geweihten Kerze oder einem Blumenstrauß zu danken. Das macht Freude, stärkt die Verbindung und ist nicht zuletzt für Sie selbst der Erinnerungsanker für Ihre Dankbarkeit und für erlebtes Gelingen.

Erzengel Chamuel

Ich hülle dich weich und warm in mein rosafarbenes Licht. Das Licht des Herzens, dessen Weisheit ich hüte. Ich erhöhe deine Schwingungsfrequenz auf das Level der Liebe und lasse die Zweifel in dir schmelzen. Was du erschaffst, was du tust und lebst, erhebt sich so in höhere Vollkommenheit. Du wirst zum Verbinder der himmlischen Idee und der physischen Formen auf der Erde. Herz, Hände und Geist wirken als eins.

Ich bin der Engel der Entwicklung. Mit mir erhebst du dich über die Mühsal und wirkst in Leichtigkeit. In Freude erfüllst du deine Lebensaufgabe und findest immer neu deinen Weg.

Als Hüter des Wissens um die Herzenskraft helfe ich dir, deine Herzenswünsche zu erfüllen. Nur frage dich: Ist dieser Wunsch für meinen Weg, für meine Seele bedeutsam?

Engeln auf inneren Reisen und
in der Meditation begegnen

Eine sehr intensive Form der Begegnung ist eine Engelmeditation. Sie können sich dazu einfach ruhig und zentriert hinsetzen, den Atem spüren, den Kontakt zur Erde, die Sie trägt. Und dann laden Sie einen Engel ein und tun nichts weiter, als ihn zu spüren, wahrzunehmen, zu erfühlen. Dabei atmen Sie ruhig weiter und spüren so auch sich selbst in diesem Kontakt mit Ihrem Engel.

Sie können auch eine innere Reise machen, wie ich sie hier ab und zu vorstelle. Auch auf der CD finden Sie Beispiele dafür. Sie können dabei von Ihrem Kraftplatz aus starten, den Sie bereits kennengelernt haben (Seite 14 ff.). Wenn Sie dort angekommen sind und es sich gemütlich gemacht haben, laden Sie einen Engel zu sich ein und besprechen vielleicht mit ihm, was gerade wichtig für Sie ist. Für visuell Veranlagte ist das eine wunderbare Erfahrung, da sie den Engel auf einer solchen Reise natürlich besonders gut sehen können. Das muss aber gar nicht sein. Viele hören einfach nur oder spüren, wie sich die Energie verändert. Manche riechen den Engel sogar auf eine äußerst wohltuende Weise. Lassen Sie sich überraschen.

Auch vom Herzraum aus lässt sich eine solche Reise unternehmen. Ich stelle sie Ihnen hier am Beispiel von Erzengel Chamuel vor. Mit einer solchen Reise können Sie den Kontakt zu einem Engel enorm vertiefen, und Sie können sie nutzen, um sich mithilfe seiner Energie zu stärken und regelrecht aufzutanken. Es können Fragen gestellt werden, Sie können sich bei schwierigen Entscheidungen helfen lassen und vieles mehr. Da der Kontakt hierbei besonders intensiv ist, ist auch die Hilfe meist sehr groß.

- Setzen Sie sich mit möglichst aufrechtem Rücken bequem hin. Achten Sie darauf, dass Ihre Füße fest auf dem Boden stehen und so Ihren Kontakt zur Erde spürbar werden lassen. Atmen Sie ein paar Mal tief durch.
- Gehen Sie mit Ihrer Aufmerksamkeit nun in Ihre Herzgegend. Lassen Sie einen dreidimensionalen Raum entstehen und versenken Sie sich nach und nach in diesen Herzraum.
- Welche Farbe erkennen oder spüren Sie in Ihrem Herzraum? Welche Empfindung herrscht dort vor? Nehmen Sie einfach wahr.
- Laden Sie jetzt Erzengel Chamuel in Ihren Herzraum ein und bitten Sie ihn, sich Ihnen so zu zeigen, wie Sie es gut annehmen können. Bitten Sie darum, ihm in Ihrem Herzraum begegnen zu dürfen.
- Warten Sie jetzt einfach ab, was geschieht und was Sie bemerken. Verändert sich die Farbe in Ihrem Raum? Haben Sie ein anderes Temperaturempfinden? Was spüren Sie jetzt, wie sind Ihre Empfindungen? Vielleicht nehmen Sie auch visuell etwas wahr? Bleiben Sie offen für alles, was auch immer sich zeigen mag. Wenn Sie die Anwesenheit von Chamuel bemerken – aber auch wenn nicht –, können Sie ihn begrüßen, ihn willkommen heißen und sich für sein Kommen bedanken.
- Sitzen Sie eine Zeit lang im Kontakt mit ihm und genießen Sie die Ruhe und den Frieden oder die Wärme und Geborgenheit oder was auch immer sich eingestellt hat.
- Wenn Ihnen eine Frage unter den Nägeln brennt, können Sie sie stellen. Oder Sie bitten um eine allgemeine Botschaft für Ihre aktuelle Situation. Oft brauchen Sie diese Bitte gar nicht zu äußern, sondern werden ohnehin mit einer Weisheit oder einem bedeutsamen Fingerzeig beschenkt.

◆ Wenn Sie merken, dass sich die Energie zurückzieht oder dass Ihre Konzentration nachlässt, bedanken Sie sich bei Erzengel Chamuel und verabschieden sich wieder. Spüren Sie erneut in sich hinein und versuchen Sie, die guten Gefühle bewusst mit in den Alltag hinüberzunehmen. Tauchen Sie dann allmählich aus Ihrem Herzraum auf und wieder in Ihren ganzen Körper ein. Bewegen Sie Finger und Zehen und kommen Sie wieder in Ihrer Umgebung an.

Je entspannter Sie an die Sache herangehen, umso leichter werden Sie sich tun. Diese Erfahrung habe ich mit Kursteilnehmern immer wieder machen können. Und ich kenne es auch selbst: Mit innerer Anspannung lässt sich einfach sehr viel weniger wahrnehmen. Gerade die Engelenergien sind so fein und hoch schwingend, dass wir nichts von ihnen bemerken, wenn wir ihnen mit einer »harten Schale« oder einem »Schutzpanzer« begegnen. Kommen werden sie aber dennoch, wenn wir sie darum bitten. Und wenn wir es zulassen, schmelzen sie unseren Panzer nach und nach weg und machen uns wieder frei für das Fühlen und Spüren.

Dass Sie in den Übungen vielleicht keinen Engel sehen, sollte Sie am wenigsten beunruhigen. Konzentrieren Sie sich dann einfach umso mehr aufs Spüren. Was ist da in Ihrem Körper? Vielleicht im Herzen, auf den Schultern oder im Bauch? Sie fangen an, die Energien immer feiner wahrzunehmen. Und irgendwann spüren Sie: Da ist etwas anders. Da ist etwas, eine Präsenz, ein Engel! Dann können Sie gelegentlich auch darauf schauen, ob Sie ein Licht wahrnehmen, ein subtiles Leuchten, vielleicht auch in Ihrem Körper, während Sie dort eine Veränderung oder eine angenehme Energie spüren. Lassen Sie sich Zeit beim Forschen, Nachspüren – und Genießen.

Engelzauber über der Welt

Kennen Sie die besondere Stimmung am Heiligen Abend oder am Ostersonntag? Ich meine nicht Geschenkeaustausch, Ostereiersuche und Familientrubel, sondern diese feierliche Stille über dem Land, die spürbar wird, wenn man selbst für ein paar Momente still wird und nach draußen lauscht. Es liegt ein unbeschreiblicher Zauber über allem, der diese besonderen Tage tatsächlich zu Feiertagen macht. Die Menschen sind zudem besonders empfänglich, sie werden irgendwie sanfter und scheinen den Geheimnissen des Wunders Leben zumindest für Momente näher zu sein als im gewöhnlichen Alltag.

Meist fahre ich mit meiner Familie am 24. Dezember zu einer kleinen, abgelegenen Kirche, zu der ein Kraftplatz gehört. Dabei konnte ich schon mehrmals ein überwältigendes Spiel von Farben über diesem Ort sehen und spüren, dass sich wirklich alle Engel für diese Heilige Nacht auf der Erde versammelt hatten. Unfassbar schön und berührend! Als würden Liebe, Harmonie und göttliches Licht zu uns Menschen und allen Kreaturen auf dem Planeten strömen, die Verletzungen des vergangenen Jahres heilen und Kraft und Inspiration fürs neue geben.

Schenken Sie sich beim nächsten heiligen Tag doch einmal die Freude, sich ganz bewusst für die Engelwelt und die göttlichen Energien zu öffnen. Auch bei einer Taufe, einer Kommunion oder auch Trauerfeier können sie spürbar sein und ihren Segen über die Situation und die Beteiligten bringen. Sie lassen sich dann besonders gut wahrnehmen.

Unterschiedliche Engelenergien erspüren – und den individuell passenden Engel finden

Es gibt unzählige Engel. Allein die Erzengel gut kennenzulernen kann ein Menschenleben dauern. Sie können also unendlich viel forschen, experimentieren und erfahren. Das empfehle ich auch ausdrücklich. Es macht einfach so viel Freude, auf diesem Gebiet seine Erfahrungen zu sammeln! Sie müssen weder darüber reden noch andere überzeugen, dass es wahr ist, was Sie da entdecken. Erleben Sie es einfach und beobachten Sie, wie es Ihr Leben bereichert und vereinfacht, wie es die Freude zurück in Ihr Wesen und die Liebe zurück in Ihr Herz bringt.

Es ist eine Herzenswahl

So richtig intensiv wird es aus meiner Erfahrung, wenn Sie sich mit einem Engel – zumindest für eine Lebensphase – tiefer verbinden. Aber mit welchem? Viele haben schnell eine Präferenz. Manche wissen von vornherein, wer sie interessiert oder sich ihnen irgendwie nahe anfühlt. Wenn Sie zu diesen Menschen gehören, dann ist es keine Frage, dass Sie diesen Engel nun aktiv in Ihr Leben einladen sollten, um ihn besser kennenzulernen und von ihm zu lernen. Bleiben Sie aber offen dafür, dass Ihre Vorliebe vielleicht vor allem aus dem Kopf kommt und gar nicht unbedingt Ihr Herz berührt. Wenn Sie merken, dass die Verbindung nicht wirklich tief wird oder Ihnen immer ein anderer Engel »dazwischenfunkt«, sprechen Sie es an oder laden Sie auch diesen anderen Engel mal zu sich ein. Sie werden spüren, wer jetzt passend ist. Lassen Sie sich dabei nicht unbedingt von oft zugeordneten Themen und Lebensbereichen leiten. Prüfen Sie, was sich für Sie jetzt stimmig anfühlt.

Wenn Sie noch keine Präferenz haben: Probieren Sie einfach die vielen Möglichkeiten des Kennenlernens durch, die Sie hier im Buch und auf der CD finden, und laden Sie alle Engel, die Sie hier porträtiert finden – und die Sie ansprechen –, ein. Spüren und fühlen Sie sich durch, bis Sie merken, dass Sie die Energie gefunden haben, die sich jetzt genau passend, wohltuend und stärkend anfühlt. Jeder geht mit einer bestimmten Energie besonders klar in Resonanz. Über die Lebensdauer kann sich das ändern, bei manchen aber bleibt es viele Jahre oder Jahrzehnte gleich. Diese Energie zu finden ist daher eine große Chance. Sie kann Ihnen dann immer wieder die Kraft geben, dem eigenen Lebensweg zu folgen und Ihre Potenziale auszuschöpfen.

Gemeinsame Engelerfahrungen

Auch mit dem Partner oder einer guten Freundin gemeinsam können Sie in einen tiefen Kontakt mit den Engelenergien gehen. Für viele intensiviert sich so die Begegnung – zum Engel und auch zum Mitmenschen.

- Einer setzt oder legt sich entspannt hin. Der andere stellt oder setzt sich daneben und legt seinem Partner sanft die Hände auf den Kopf oder auf die Füße, je nachdem, was angenehmer für den ist, der momentan passiv sein darf.
- Der Aktive bittet einen Engel herbei, der seine Energie durch seine Hände in den anderen fließen lassen soll.
- Nun spüren beide einfach nach, was geschieht. Der Empfangende kann sich voll und ganz dem Erleben und der Erfahrung hingeben, er kann sich völlig der Engelenergie überlassen und die Versicherung tief in sich aufnehmen: Es ist jemand für mich da.

◆ Tauschen Sie sich nach einer Weile darüber aus, was Sie beide erlebt haben. Das stärkt das Vertrauen in die eigene Wahrnehmung.

Auch mit einer solchen Partnerübung können Sie viele Engel kennen und erspüren lernen. Sie erfahren ihre unterschiedlichen Qualitäten – und wissen bald ganz intuitiv, mit wem Sie sich intensiver verbinden wollen.

Viele, viele Engel

Es gibt unzählige Engel und Erzengel, Engelgruppen und Hierarchien. In diesem Buch finden Sie nur einen kleinen Teil davon vorgestellt, die wesentlichen Erzengel, den Schutzengel, den Engel der Gnade und auch die Marienenergie. Das soll Sie aber keineswegs einschränken. Ich möchte Sie im Gegenteil anregen, sich weit darüber hinaus für die Engelwelt zu öffnen und zu schauen, wo sie Ihnen überall begegnet. Was sehen Sie vor Ihrem geistigen Auge, wenn Sie an Engel denken? Die geflügelte Gestalt auf einem bestimmten Gemälde eines alten Meisters? Die krönende Figur auf einem historischen Gebäude? Oder vielleicht ein liebevolles Engelchen aus einem Zeichentrickfilm oder einem Buch aus Ihrer Kindheit? Es sind Ihnen keinerlei Grenzen gesetzt, wenn es darum geht, dass Sie »Ihren« Engel finden. Achten Sie vor allem darauf, was Ihnen guttut und Ihnen das Herz öffnet.

Mir erzählte einmal eine Frau, dass sie sich immer, wenn sie »Engel« hörte, an eine Figur aus einem Zeichentrickfilm erinnerte, die sie in ihrer Kindheit sehr mochte. Sie wusste gar nicht mehr viel von der Handlung dieser Serie, aber der Engel war für sie lebendig geblieben. So wie er dargestellt wurde, hatte er ganz und gar nicht diese typische übergroße, mächtige, strahlende Energie, sondern eher etwas Nettes, Gewitztes. Er konnte sie heute als Erwachsene – plötzlich vor ihrem geistigen Auge auftauchend – wunderbar zum Lachen bringen, wenn sie zu verkrampft an eine Sache heranging, und wies ihr manchmal, wenn sie sich mit einer anstehenden Frage nach innen wandte, mit einer theatralisch-lustigen Geste den richtigen Weg.

Sie wunderte sich, wie das überhaupt möglich sei – und kam über diesen Trickfilmengel dem Geheimnis näher, dass tatsächlich alles Energie ist: Menschen hatten diese Figur erschaffen, vielleicht tatsächlich inspiriert von Engelenergien, wer weiß. Sie hatte sie als Kind in sich aufgenommen und unter »Engel« gespeichert, und noch heute konnte sich darüber eine hilfreiche Energie für sie manifestieren. Vielleicht bediente sich auch ihr Schutzengel dieses Bildes, weil sie genau dafür offen war. Wir wissen es nicht. Doch wichtig ist ja, dass es wirkt.

Eine tiefe, heilsame Beziehung aufbauen

Eine Beziehung entsteht durch gemeinsam verbrachte Zeit und Kommunikation. Das ist zwischen Mensch und Mensch kaum anders als zwischen Mensch und Engel. Haben Sie also den Engel einmal erlebt, der sich für Sie rundum gut anfühlt und der genau das in Ihr Leben bringt, was Sie jetzt brauchen, dann bieten Sie ihm Ihre Freundschaft an. Bitten Sie ihn, Sie häufiger zu besuchen, rufen Sie ihn öfter in Ihren Alltag, meditieren Sie mit ihm, unternehmen Sie innere Reisen mit ihm, nutzen Sie alle Anregungen aus Buch und CD, um ihn näher kennenzulernen und durch seine Schwingung heilsame Veränderungen in Ihrem Leben anzustoßen.

Suchen Sie vor allem immer wieder neu die Erfahrung, ihn zu spüren, seine Präsenz zu erfahren und zu erleben, was sie in Ihnen verwandelt. Sie können ihn darum bitten, seine Flügel um Sie zu legen oder Sie in seinen Mantel zu hüllen, sodass Sie ganz und gar durchdrungen sind von seiner Energie. Spüren Sie in solchen Momenten dann nicht nur in Ihr Umfeld, sondern auch in sich hinein: Wie fühlt es sich an, vollkommen geborgen zu sein? Bedingungslos zu vertrauen? Weinen zu können, weil sich das Herz öffnet und alle Schwere von Ihnen abfällt? Oder zu lachen, weil Sie mit einem Mal wissen, dass alles ganz einfach ist?

Zu einer Beziehung, zumindest zu einer engeren Beziehung, gehört auch Alltag, und sogar dazu können Sie Ihren Engel einladen. Probieren Sie einmal aus, wie es sich anfühlt, sich von einem Engel durch einen ganzen Tag begleiten zu lassen. Bitten Sie ihn morgens direkt nach dem Aufwachen, heute bis zum Abend bei Ihnen zu sein. Damit der Alltag Sie mit seinen vielfältigen Anforderungen und Reizen nicht komplett mitreißt, können Sie sich eine Art »Knoten ins Taschentuch« machen: ein Papierherzchen im Geldbeutel oder vielleicht eine Feder am Spiegel im Bad. Das kann Sie dann immer wieder daran erinnern, auf die feineren Schwingungen und vielleicht sogar »himmlischen Fingerzeige« zu achten, die diesen Tag für Sie zu einer besonderen Erfahrung machen könnten. Vielleicht bemerken Sie, dass Sie mit einem völlig neuen Blick durch Ihre Welt gehen. Und wenn Entscheidungen anstehen, Streit droht oder Sie sich schwach, überfordert oder verärgert fühlen, lauschen Sie besonders intensiv zu Ihrem Engel hin. Was braucht es jetzt, damit es Ihnen besser geht und die Situation gut ausgeht? Was rät er? Was spüren Sie?

Wer einen so liebevoll begleiteten Tag erlebt, schenkt sich diese Erfahrung natürlich dann gern öfter. Das kann spannend sein, denn: Fühlt sich die Energie, die Sie begleitet, immer gleich an? Sind Sie in dieser Alltagsbegegnung immer gleich? Kommen Sie allmählich immer tiefer im Wahrnehmen der Feinheiten des Lebens an, die Ihnen zuvor verborgen waren?

Es muss gar keine große Sache sein, einen Engel in den Alltag einzubinden. Es haben ohnehin sehr viele Menschen das Bedürfnis, morgens und/oder abends zu beten, ob in traditioneller oder ihrer individuellen Weise. Bei manchen kommt es auf, sobald sie Kinder haben, denen sie mit diesem kleinen Ritual gern mehr Stärke im Leben mitgeben möchten. Bei anderen ist es die Dankbarkeit, nachdem eine Sache gut ausgegangen ist, die auch hätte schiefgehen können. Für wieder andere eine große Angst. Was es auch ist, mit regelmäßigem Beten lassen sich sehr gut auch Engel ansprechen und ins eigene Leben einladen. Morgens können Sie ihnen für die Nacht und den erholsamen Schlaf danken und um Schutz und Führung durch den Tag bitten. Abends lassen Sie den Tag Revue passieren und danken für »die Segnungen des Lebens«, wie ich das am liebsten ausdrücke. Und Sie bitten Ihren Engel, bei Ihnen zu bleiben und über Ihren Schlaf zu wachen. Vielen wird genau durch so ein Gebet bewusst, wie kostbar ihr Leben ist und wie viel sie eigentlich erleben dürfen, was sich tatsächlich am besten als »Segen« bezeichnen lässt.

Immer zur Stelle:
Der Schutzengel

Gern haben wir mit großen Erzengeln zu tun, mächtigen Wesen, die seit Jahrtausenden als Nächste an Gott gelten. Dabei übersehen wir oft einen Engel, der zu jeder Zeit voll und ganz allein für uns da ist: unser Schutzengel, der uns für dieses Leben an die Seite gestellt wurde und vom ersten bis zum letzten Atemzug, den wir in dieser Inkarnation machen, über uns wacht.

Er ist so intensiv bei uns, dass viele ihn ein Leben lang nicht bemerken und sich das, was er bewirkt, anders erklären. Oftmals wird er jedoch deutlicher, und dann wacht das Bewusstsein in uns auf, dass es da mehr geben muss. Viele wenden sich dann ihrem Schutzengel aktiv zu – und erhalten fortan umso mehr Unterstützung.

Um uns zu erreichen und vor Gefahren zu schützen – das ist ja die sprichwörtliche, wenn auch längst nicht einzige Aufgabe des Schutzengels –, nutzt er alle Möglichkeiten, die sich irgendwie ergreifen lassen. Ich hatte beispielsweise mal eine Zeit lang ein recht seltsames Auto, das über seine verschiedenen Leuchtanzeigen und allerlei Pling- und Piep-Geräusche regelrecht mit mir kommunizierte. Es schien meine Aufmerksamkeit erregen zu wollen, zumal die Licht- und Tonsignale weder herstellergemäß sinnvoll waren, noch auf tatsächliche Probleme an den angezeigten Stellen hinwiesen.

Einmal fuhr ich am Neujahrstag über Land, es war überall menschenleer, und ich war guter Dinge. Das Auto aber beunruhigte mich, es gongte und blinkte und piepte in einer Tour – und blieb plötzlich mit einem Schlag vor einer Landstraßenkreuzung stehen. Im selben Moment donnerte aus der Nebenstraße ein riesiger Traktor mit Anhänger vor mir vorbei. Er hätte mir die Vorfahrt genommen und mich mit geballter Macht erwischt. Erschrocken blieb ich eine Weile einfach nur still sitzen und versuchte, mich zu sortieren. Als ich das Auto dann wieder startete, fuhr es, ohne zu mucken, weiter. Von da ab achtete ich immer recht genau auf seine blinkenden und klingenden Warnzeichen, in dem Wissen, dass mein Schutzengel wohl eine besondere Verbindung mit diesem Vierrädler eingegangen war.

Schutzengel

Ich bin dein Freund, dein Kamerad, der dich auf allen persönlichen Wegen begleitet und dir näher ist als alles andere in deinem Leben. Ich bin auch der Nothelfer, die Feuerwehr, die Hilfe in allen Fragen deines Lebens und Werdens.

Ich sorge für dein Herz, damit es sich immer wieder ausdehnt und weitet, auch wenn das Leben schwierig zu sein scheint. Ich helfe dir, dass es sich öffnet für die Schönheit, die Wunder des Lebens und die Liebe. Dass du die Perlen findest, die auch in schweren Erfahrungen versteckt auf dich warten. Mir kannst du dein Herz ausschütten, damit es leichter wird und frei. Ich höre dich und ich höre dir zu. Ich umhege das Licht in dir, damit es brennt und hell leuchtet, dich wärmt und dir deinen Weg weist.

Berater und Helfer für alle persönlichen Fragen

Niemand kennt unseren Lebensweg so gut wie unser Schutzengel. Manches ist auf diesem Pfad festgelegt, vieles unterliegt unserer Wahl, die wir mehr oder weniger bewusst von Situation zu Situation treffen. Viele Überlieferungen oder auch modernere Ansichten von Menschen, die innere Reisen, tiefe Meditationen oder Channelings unternehmen, gehen davon aus, dass wir wesentliche Eckdaten vor der jeweiligen Inkarnation festlegen, gemeinsam mit einer Art göttlichem Team, zu dem auch der Schutzengel – oftmals wird hier auch Erzengel Michael genannt – gehört. Wenn wir also an einer Wegkreuzung stehen und nicht weiterwissen, wenn uns das Gefühl überrollt, dass wir uns verirrt haben, dann kann der Schutzengel am besten weiterhelfen. Er ist es auch, der am sichersten weiß, welcher andere Engel uns von Fall zu Fall beistehen sollte. Sich an ihn zu wenden ist also immer richtig.

Ich finde ohnehin, dass wir ihn viel zu selten einbeziehen. Das ist sehr schade, denn wir vergeben uns damit enorme Möglichkeiten. Es ist mir auch in meinen Seminaren ein Anliegen, den Menschen zu zeigen, dass eine gelebte Beziehung zum Schutzengel zum Kraftvollsten gehört, was sie sich im Leben geben können. Ich möchte Ihnen hier daher mehrere Möglichkeiten vorstellen, mit ihm in einen engen Kontakt zu kommen. Beginnen wir mit einer Begegnung am Kraftplatz (siehe Seite 15). Diese Meditation ist auch als Track 1 auf der CD.

◆ Begeben Sie sich an Ihren Kraftplatz: Stellen Sie sich vor Ihrem inneren Auge Ihre große Wiese mit den Blumen vor und gehen Sie den Weg entlang zu diesem besonderen Platz, an dem Sie sich wohl und geborgen fühlen. Machen Sie es sich dort bequem.

◆ Rufen Sie nun Ihren Schutzengel und bitten Sie ihn, zu Ihnen an diesen Platz zu kommen.

◆ Halten Sie Ausschau, ob Sie etwas bemerken. Sehen Sie da in der Ferne ein helles, warmes Licht? Sehen Sie, wie es näher und näher zu Ihnen herkommt? Was verändert sich in Ihnen, während dieses Licht langsam auf Sie zusteuert?

◆ Jetzt ist es schon recht nah, und vielleicht können Sie die Konturen eines Wesens darin erkennen. Wie verändert sich die Stimmung um Sie her? Wie verändern sich Ihr Körpergefühl, Ihre Gefühle?

◆ Wenn das Licht, möglicherweise in der klaren Gestalt eines Engels oder aber einfach weiterhin als Licht, vor Ihnen steht, begrüßen Sie es herzlich als Ihren Schutzengel. Betrachten Sie ihn und nehmen Sie wahr, wie sich Ihr Herz weit und weiter öffnet.

◆ Fragen Sie ihn, ob Sie ihn berühren dürfen, und strecken Sie die Hände langsam zu ihm aus. Vielleicht reicht er Ihnen auch seine Hände. Lassen Sie seine Energie in sich hineinfließen und Ihren gesamten Körper nähren.

◆ Sicher ist jetzt Zeit, ihn etwas zu bitten oder ihm eine Frage zu stellen. Lauschen Sie der Antwort oder den Zeichen, die Sie erhalten. Möglicherweise ist es auch nur ein Gefühl oder etwas ganz Unscheinbares, das dennoch viel bewirken kann.

◆ Nehmen Sie noch einmal tief das Gefühl der Verbindung zu Ihrem Schutzengel in sich auf, bevor Sie sich bei ihm bedanken und sich verabschieden. Sie wissen, dass Sie Ihrem Schutzengel jederzeit wieder begegnen können. Kehren Sie nun zurück zu Ihrer schönen Wiese und dann bewusst in Ihren Körper. Atmen Sie tief durch, rekeln Sie sich und kommen Sie wieder ganz in Ihrem Alltag an.

Es gibt viele weitere Möglichkeiten, den Schutzengel kennenzulernen. Sie können sich beispielsweise auch ruhig hinsetzen, die Augen
schließen und sich vorstellen, wie Sie einen Berg hinaufgehen, über
grüne Wiesen und auf waldigen Pfaden. Oben sehen Sie eine kleine
Kapelle, auf die Sie nun zugehen. Bald bemerken Sie ein intensives
Leuchten, das aus dem Inneren des Gebäudes dringt und dem ganzen
Bild einen sanften, beinahe überirdisch schönen Anschein gibt. Sie
gehen näher, und das Leuchten wird immer stärker. Wenn sich Ihr
Weg dann dem Eingang zuwendet, tauchen auch Sie ganz in dieses
warme, herzliche Licht ein – und da steht er vor Ihnen: Ihr Schutzengel.

Ebenso können Sie sich vorstellen, auf ein Tor zuzugehen, hinter
dem Sie diesen einladenden Lichtschein wahrnehmen, der Sie wie
magisch anzieht. Ganz bewusst treten Sie dann durch das Tor hin-
durch und gelangen in eine andere Welt. Die Welt, in der Sie Ihr
Schutzengel bereits erwartet. Es können ganz unterschiedliche Wahrnehmungen damit verbunden sein. Immer jedoch werden Sie eine
tiefe angenehme Wärme und einen unendlich scheinenden inneren
Frieden empfinden.

Meditationen und Reisen mit dem Schutzengel

Mit dem Schutzengel können Sie natürlich ebenso meditieren, wie ich
das auf Seite 33 schon für den Kontakt zu »Ihrem« Engel beschrieben
habe. Sie können sich beispielsweise bequem und aufrecht hinsetzen
und ihn bitten, seine Flügel um Sie zu legen, sodass Sie vollkommen
geborgen sind. Sie spüren sein lichtes, liebevolles Energiefeld, bis Sie

selbst zu einem Teil davon geworden sind. Verankern Sie dieses Erleben ganz tief in Ihrem Herzen oder Ihrem Bauchraum, bevor Sie eine solche Meditation beenden.

Eine ganz besonders schöne Möglichkeit, die unterschiedlichsten Welten kennenzulernen, sich zu heilen und innerlich zu wachsen, sind Reisen mit dem Schutzengel. Track 2 von der CD leitet Sie dazu an. Es beginnt damit, dass Sie sich vorstellen, auf einem angenehmen grünen Bergplateau zu stehen, und Ihren Schutzengel zu sich rufen. Sie spüren, wie er sich hinter Sie stellt und sanft seine Flügel um Sie legt. Sie tanken von seiner himmlischen Energie und nehmen Frieden und auch Mut in sich auf.

Sind sie nun bereit für eine große Reise? Dann signalisieren Sie Ihrem Schutzengel, dass Sie startklar sind. Er wird sich hinter Sie stellen, Sie vielleicht mit seinem Mantel umhüllen oder einfach seine Arme um Sie legen. Wenn er Ihr zögerliches Zittern wahrnimmt, wird er Ihnen vielleicht auch einen Gurt wie beim Tandemsprung mit dem Gleitschirm umlegen, damit Sie sich sicher fühlen. Dann stößt er sich vom Boden ab – und sanft beginnt die Reise immer höher hinauf. Vielleicht haben Sie einen bestimmten Wunsch geäußert, wo es hingehen soll. Vor allem beim ersten Mal aber können Sie sich einfach überraschen lassen, welche Welt er Ihnen zeigen will. Es gibt unzählige Möglichkeiten, setzen Sie sich da keinerlei Grenzen! Sie sollten sich natürlich mit dem, was geschieht, rundum geborgen und wohlfühlen. Doch darauf hat immer auch Ihr Schutzengel ein Auge, Sie können sich also gar nicht überfordern.

Vielleicht reisen Sie zu einem anderen Planeten, in die Weite des Alls oder in den Garten Eden? Vielleicht in eine frühere Epoche, die Erde vor hundert Millionen Jahren oder zu einer Engel-Ratssitzung? In Ihr eigenes Inneres oder das eines Ameisenhügels oder doch lieber zur Akasha-Chronik? Wagen Sie das scheinbar Unmögliche, genießen Sie das Abenteuer, saugen Sie Eindrücke und Informationen auf und seien Sie sich sicher, dass Ihr Schutzengel Sie am Ende wieder sicher und wohlbehalten nach Hause bringen wird.

Möglicherweise zieht es Sie aber auch einfach in ein benachbartes Wäldchen, damit Sie dort einmal ungestört und in Ruhe sitzen und den Naturgeistern lauschen können. Ihr Schutzengel wird wissen, was Sie jetzt brauchen, und Sie genau dort hinführen. Diese Reisen mit ihm dienen sicherlich der Freude und der Abenteuerlaune. Vor allem werden Sie von jedem dieser Ausflüge etwas mitbringen, ein Steinchen, das das Mosaik Ihres Lebens vervollständigt und das Gesamtbild klarer erkennbar werden lässt.

Gerade wenn Sie eine solche Reise öfter unternehmen, wird vieles möglich. Vielleicht fliegen Sie immer an denselben Ort, um dort

stets etwas tiefer in die Erfahrung einzutauchen und dazuzulernen. Oder aber Sie erkunden jedes Mal einen anderen Platz. Es kann beispielsweise sein, dass jemand zu einer Art Bibliothek der Welt geführt wird und dort bestimmte Informationen erhält, die ihn auf eine künftige Lebensaufgabe, vielleicht als Heiler, als Schriftsteller oder auch als Mutter oder Vater vorbereiten. Mit jedem Ausflug dorthin wird die »Ausbildung« vorangebracht. Vielleicht passiert dann erst einmal jahrelang nichts – und plötzlich ist der Weg frei für ein neues, kraftvolles Wirken in der Welt. Sie brauchen sich keine Sorgen zu machen, dass Sie vielleicht zu viel wollen könnten. Ihr Schutzengel kennt Ihren Lebensplan und wird Sie führen. Mir selbst ist es schon passiert, dass ich auf einer solchen Reise eine weitere Tür hinter mir lassen wollte – doch sie war verschlossen und ich bekam die klare Botschaft, dass es noch nicht an der Zeit sei für mich, die Räume dahinter zu betreten.

Was die Einzelnen auch erleben, immer werden diese Reisen mit dem Schutzengel als wunderschön, berührend, erhebend, herzerwärmend, heilsam beschrieben. Wann immer Sie also etwas Zeit und Muße haben: Probieren Sie es mithilfe der CD aus und lassen Sie sich von der Vielfalt der Welten verzaubern und zu Neuem inspirieren.

Praktische Anregungen für eine intensive Freundschaft

Um erfüllt und erfolgreich mit himmlischen Kräften zu arbeiten, brauchen Sie eigentlich nichts und niemand anders als Ihren Schutzengel. Ihn können Sie zu Ihrem engsten Vertrauten und besten Freund werden lassen. Wenn Sie Lust haben, ihn näher kennenzulernen, sollten Sie ihm das mitteilen und ihn am besten auch nach seinem Namen fragen. Schutzengel haben nämlich – meistens – individuelle Namen, sehr fantasievolle und für unsere Ohren fremdartige oder auch gewöhnliche Menschennamen.

Sehr schön ist es, sich vom Schutzengel nach und nach Vertrauen lehren zu lassen. Vertrauen ins Leben, Vertrauen darauf, dass man nicht allein ist, dass das Leben kein Kampf ist, sondern mit Freude gelebt werden kann. Wollen Sie es ausprobieren?

- Setzen oder stellen Sie sich wieder bequem hin, am besten so, dass hinter Ihnen etwas Platz ist.
- Bitten Sie Ihren Schutzengel nun, sich hinter Sie zu stellen. Können Sie das spüren? Vielleicht als Wärme oder als kraftvolle Präsenz im Rücken, als eine kaum zu beschreibende »Anwesenheit«?

◆ Probieren Sie einmal aus, ob Sie sich ein wenig an Ihren Engel anlehnen können. Oder ob Sie sich in Ihrem Rücken – von den Schultern bis zur Beckengegend – vollkommen nach hinten entspannen können. Lassen Sie los, in dem Maß immer noch etwas mehr, wie Sie spüren, dass Sie gehalten werden.

◆ Spüren Sie so tief wie möglich in das Gefühl des Vertrauens hinein, das Sie jetzt möglicherweise empfinden. Tauchen Sie vollständig in dieses Gefühl und lassen Sie es groß und größer werden. Ist es ein Gefühl, das Ihnen vertraut vorkommt? Es ist immer da. Und es ist jederzeit abrufbar. Verankern Sie es daher jetzt so intensiv wie möglich in sich, um im Alltag immer darauf zurückgreifen zu können.

◆ Bedanken Sie sich am Ende bei Ihrem Schutzengel und kommen Sie mit Ihrer Wahrnehmung wieder in Ihr alltägliches Sein zurück. Nehmen Sie das Gefühl des Vertrauens dabei bewusst mit.

Wenn Sie mit Ihrem Schutzengel in einem engeren Kontakt sind, können Sie auf die unterschiedlichsten Weisen zusammenwirken. Sie können beispielsweise etwas vereinbaren, was Ihnen im Alltag den Kontakt erleichtert, eine Geste oder Körperhaltung, die Sie sofort mit Ihrem Schutzengel verbindet. So etwas funktioniert tatsächlich und prägt sich ziemlich schnell ins Unterbewusstsein ein.

Lassen Sie Ihren Schutzengel auch einmal bewusst zu Ihrem Tagesbegleiter werden. Laden Sie ihn morgens ein, mit Ihnen zu sein – und bedanken Sie sich am Abend für die vielleicht etwas anderen Erfahrungen, die Sie gemacht haben. Bei Ihnen ist er ohnehin, aber wenn Sie sich dafür öffnen und ihm das auch mitteilen, wird der echte Kontakt möglich und mit der Zeit auch intensiver.

Engel achten unseren Lebensplan

So ein energisches Eingreifen wie das meines Schutzengels, als ich mit meinem etwas sonderbaren Fahrzeug vor dem Traktor an der Kreuzung zum Stehen kam, ist sicher nicht alltäglich. Und doch können erstaunlich viele Menschen von derart eigentümlichen Vorfällen berichten. Wollen wir bewusst mit unserem Schutzengel arbeiten, müssen wir ihn rufen. Geraten wir aber in eine Notsituation, deren Folgen den Lebensplan durchkreuzen würden, dann kann er auch ungefragt eingreifen und das Ruder auf tatsächlich wunderbare Weise herumreißen.

»Lebensplan« ist dabei das wesentliche Stichwort. Wir alle kennen Beispiele, bei denen jemand wie durch eine höhere Macht geführt doch nicht in das bereits gebuchte Flugzeug stieg, das dann abstürzte. Oder in denen jemand verschlief, weil gleich zwei sonst zuverlässige Wecker nicht klingelten, und damit einem Unglücksfall entging. Wir alle kennen aber auch Fälle, in denen kleine Kinder an Krebs starben oder einem liebevollen Mitmenschen ein Unglück nach dem anderen zustieß. Warum wurde da nicht geholfen? Warum hat da keine himmlische Macht, kein Engel, kein Gott eingegriffen?

An solchen Fragen verzweifeln Menschen schon immer. Und schon immer haben sie versucht, plausible Antworten darauf zu finden. Natürlich lässt sich hier nichts beweisen. Für mich aber scheint es sinnvoll und logisch, dass wir einem Lebensplan folgen, in dem bestimmte Eckdaten festgelegt sind. Leben heißt wachsen und reifen, es heißt Erfahrungen machen und sich insbesondere auf seelischer Ebene entwickeln. Es kann sein, dass eine Seele in einer Inkarnation nur für ein paar wenige Jahre auf der Erde zu leben hat. Aber kann jemand wirklich so viel Schmerz wählen? Das klingt nicht nachvollziehbar. Und doch geschieht es. Aus unserer begrenzten menschlichen

Sicht können wir den Gesamtzusammenhang nicht erfassen und deswegen auch nicht beurteilen. Auf die Umbarmherzigkeit des Lebens zu schimpfen hat keinen Sinn. Denn die Dinge sind, wie sie sind, und rufen uns auf, weiterzusuchen und unsere Erfahrungen zu machen.

Der Schutzengel, ebenso wie die anderen Engel, kann uns dabei begleiten und von seiner höheren Warte aus unterstützen. Er kann uns aber unsere Eigenverantwortung nicht abnehmen. Wir können um Rat fragen – und wir werden Antworten erhalten oder manchmal auch nicht oder erst zu einem späteren Zeitpunkt, wenn wir so weit sind, sie anzunehmen und danach zu leben. Wir müssen uns in all unseren Lebensthemen in den notwendigen Prozess des Wachsens und Entwickelns begeben und alles durchleben, was auf unserem Weg liegt.

Lohnt es dann überhaupt, mit Engeln in Kontakt zu gehen? Ja, ganz und gar! Eine fatalistische Haltung ist nicht das, was aus der Idee eines Lebensplans gefolgert werden sollte. Wir haben unseren Weg zu gehen – und wir können uns dabei unterstützen lassen. Wenn wir mit dem Segelboot auf dem Chiemsee draußen sind, und es kommt ein starker Sturm auf, dann können wir den Schutzengel um Hilfe anrufen. Und es könnte sein, dass wir uns selbst durch geschicktes Handeln retten können oder dass wir auf eine wundersame Weise das Ufer erreichen. Aber es enden Segeltouren auch weniger glimpflich. Und es geschieht Unglück, auch wenn sich jemand an höhere Mächte gewendet hat. Ganz ohne Zweifel können wir viel bewirken, wenn wir uns bewusst den himmlischen Kräften zuwenden und unser Leben tatsächlich in vielen Belangen aktiv zum Guten führen. Und doch können wir die Gesetze des Lebens und Sterbens nicht außer Kraft setzen.

Die vielen Beispiele für unerklärliche Hilfe, die die Betroffenen von ihrem Gespür her dem Schutzengel zuordnen, machen auf jeden Fall Mut und wecken die Neugier, sich genauer mit dem zu befassen, was weit über das hinausgeht, was unsere »Schulweisheit sich träumen lässt«. Gerade diejenigen, die selbst einmal enorme Unterstützung durch einen Engel erfahren durften, werden sich nicht mehr davon abbringen lassen, fortan Wunder für möglich zu halten. So erging es beispielsweise einer Frau, die in einer regnerischen Herbstnacht nach einem Treffen mit ihren Freundinnen aus dem Sportverein eine recht unübersichtliche und kurvige Landstraße entlangfuhr. Plötzlich nahm sie am Straßenrand eine lichte Gestalt wahr, die ihr mit weit ausholenden Armbewegungen zuwinkte. Die Frau wunderte sich darüber, warum diese Gestalt bei dem grauslichen Wetter so hell und beinahe leuchtend wirkte und es tatsächlich schien, als ob sie Flügel hätte. Sie verringerte unwillkürlich ihre Geschwindigkeit. So bog sie sehr langsam um die nächste Kurve – und konnte dort knapp hinter einem wohl eben erst passierten Unfall zum Stehen kommen. In tiefem Schrecken blieb sie zunächst einen Moment regungslos am Steuer sitzen. Wenn diese winkende Gestalt sie nicht gewarnt hätte, wäre sie unweigerlich in das Unfallfahrzeug hineingerauscht! Als sie ausstieg, um zu helfen, drehte sie sich noch einmal nach der Gestalt um, aber da war niemand mehr zu sehen.

Diese Frau besuchte später einen Engelkurs bei mir, weil sie gern mehr darüber erfahren wollte, was in jener Nacht geschehen war. Denn wie sich herausstellte, war alles auch noch an genau der Stelle passiert, an der ein knappes Jahr zuvor ihr Schwager mit dem Auto tödlich verunglückt war. Nun lernte sie ihren Schutzengel besser kennen. Er gab ihr keine weiteren Informationen zu jener Nacht, aber die Details waren jetzt auch nicht mehr wichtig für sie. Sie fühlte sich in seiner Nähe so geborgen und sicher, dass sie einfach wusste, dass es stimmig war, so wie es war. »Als hätte ich einen Vertrauten meiner Kindheit wiedergetroffen«, sagte sie.

Unsere Gesundheit –
und die Engel

Gesundheit wird nicht umsonst als »unser höchstes Gut« bezeichnet. Zugleich gehört zu fast jedem Leben ein gewisses Maß an Krankheit, und vollkommen symptomfreie Körper wird es wahrscheinlich gar nicht geben. Wir leben also immer irgendwo zwischen Gesundheit und Krankheit. Wenn das System dann deutlich Richtung Krankheit rutscht, ist Hilfe nötig. Und die kann – zumindest ergänzend – auch von Seiten der Engel kommen.

Himmlische Hilfe bei Krankheiten

Einmal kam eine Frau mit einem verstauchten und dick angeschwollenen Knöchel zu mir. Da ich ihr vor ein paar Jahren nach einem anderen Haushaltsunfall schon einmal helfen konnte und auch damals Engelenergien dabei waren, sagte sie zuversichtlich: »Das können wir doch heute einfach wieder so machen wie damals, oder?« Nun, wir konnten es probieren.

Ich bat Erzengel Raphael, den Begleiter auf allen Wegen und den typischen »Heilerengel«, zu uns – und er sagte mir, dass ich nur zuschauen solle. Also nahm ich Abstand zur Behandlungsliege, auf der die Patientin lag. Nach ein paar Minuten öffnete die Frau wieder die Augen und meinte: »Jetzt müsste es gut sein.« Ich hatte derweil staunend zugesehen, wie die Schwellung an ihrem Fuß bereits zurück-

gegangen war, und sie konnte die Zehen wieder schmerzfrei hochzie-
hen. Vor allem aber schwärmte sie von »meiner Behandlung«. Sie
habe sich sehr geborgen gefühlt, es sei eine Lichtkuppel über ihr spürbar geworden, wie ein strahlend schönes Zirkuszelt, und ihr Bein habe
sie als leicht und schwebend wahrgenommen. Natürlich klärte ich sie
auf, dass ich gar nichts gemacht hätte und sogar zwei, drei Meter entfernt gewartet hätte. Sie erschrak kurz, sagte dann aber: »Eine so liebevolle Energie war da! Unvergesslich!«

Solche Beispiel könnte ich Ihnen viele erzählen. Sie wirken spekta-
kulär, vielleicht auch weil ich seit Jahren, eigentlich schon den Groß-

Erzengel Raphael

Grün schwingt meine Energie, grün spürst du die heilenden
Kräfte, die durch mich wirken. Hoffnung und Mut spenden sie
dir, verjüngen deine Zellen und stärken deine Genesungskraft.
Im Vertrauen wirst du heilen. Lass dich tief ein auf den Frieden,
den ich dir bringe. Spüre, wie alle Kräfte und Impulse in dir neu
in Balance kommen, wie sie sich regen und recken, hin zur großen Lebendigkeit.

Immer halte ich mich an deinen Lebensplan, und immer
erlebst du eine Weiterentwicklung. Ich bin auch der Begleiter
des Menschen auf allen Wegen. Mit mir kannst du in Geborgenheit wandeln – durch dein Leben und am Ende auch in deinem
Sterben. Hat sich ein Leben vollendet, bringe ich den tiefen
Frieden auch zu den Trauernden, die ihr Herz für den größeren
Blick auf Leben und Sterben öffnen.

teil meines Lebens, mit ungewöhnlichen Heilweisen experimentiere und dabei natürlich auch immer sensibler und erfahrener wurde. Doch gerade die Engelarbeit macht jedem Heilerfahrungen möglich. Denn die Kräfte, die wirken, das sind nicht wir. Wir laden sie nur ein und bitten um Unterstützung. Wer sich dafür öffnen kann, dass so etwas tatsächlich geht, wird Wunderbares erleben.

Heilarbeit mit Erzengel Raphael

Track 4 der CD bietet Ihnen eine intensive Begegnung mit Erzengel Raphael in Ihrem Herzraum. Sie eignet sich insbesondere für Phasen des Unwohlseins oder der Krankheit. Denn Sie kommen tiefer mit den heilsamen Schwingungen dieses Engels in Berührung, können ihm Fragen dazu stellen, was Ihnen jetzt am besten helfen kann, und ihn direkt heilend auf Sie einwirken lassen.

Eine verwandte, aber etwas andere Meditation mit Erzengel Raphael möchte ich Ihnen im Folgenden vorstellen. Sie beginnt ganz ähnlich in Ihrem Herzraum, Sie können das Ganze aber auch von Ihrem Kraftplatz aus machen (siehe Seite 15).

◆ Setzen Sie sich mit möglichst aufrechtem Rücken bequem hin. Achten Sie darauf, dass Ihre Füße fest auf dem Boden stehen und so Ihren Kontakt zur Erde spürbar werden lassen. Wenn es Ihnen angenehmer ist, können Sie auch liegen.
◆ Atmen Sie ein paar Mal tief durch.
◆ Gehen Sie mit Ihrer Aufmerksamkeit nun in Ihre Herzgegend. Lassen Sie einen dreidimensionalen Raum entstehen und versenken Sie sich nach und nach darin. Welche Farbe erkennen oder spüren Sie? Welche Empfindung nehmen Sie dort wahr?

- Denken Sie an Ihre aktuelle Beschwerde oder Krankheit und fragen Sie sich: »Was will hierdurch geheilt werden? Mit welcher Situation aus meinem Leben hängt die Beschwerde zusammen, wo ist noch etwas offen?«
- Nehmen Sie einfach wahr, was durch diese Fragen in Ihnen auftaucht. Sie brauchen nicht zu erfahren oder zu wissen, um welches Lebensereignis es sich handelt. Sie müssen nicht noch einmal in etwas vielleicht sehr Unangenehmes eintauchen. Sie haben die Fragen gestellt, und Ihr System kennt die Antwort. Vielleicht zeigt sich einfach eine Stimmung oder eine Empfindung.
- Laden Sie jetzt Erzengel Raphael in Ihren Herzraum ein und bitten Sie ihn, diese Situation zu heilen. Was spüren Sie jetzt? Verändert sich etwas? Lassen Sie sich Zeit, es geschehen zu lassen.
- Bleiben Sie eine Zeit lang im Kontakt mit ihm und erleben Sie die Ruhe und den Frieden oder die Wärme und Geborgenheit oder was auch immer sich eingestellt hat. Vielleicht zeigen sich auch Hinweise, wie Sie Ihre Genesung unterstützen können und welche inneren Ressourcen Sie bislang gar nicht genutzt haben.
- Bitten Sie Raphael, Sie mitsamt dieser früheren Situation ganz in seine Energie einzuhüllen, sich in Ihrer gesamten Aura auszubreiten und dieses Energiefeld komplett zu füllen. So sind Sie geschützt und vollkommen von seiner heilenden Schwingung durchströmt, die an Ihnen arbeitet und für Heilung sorgt.
- Wenn Sie spüren, dass diese Sitzung zu Ende geht, bedanken Sie sich bei Erzengel Raphael und verabschieden sich. Was an Heilung geschehen ist, wirkt noch eine ganze Zeit nach. Und Sie dürfen Raphael jederzeit wieder um Unterstützung bitten.
- Spüren Sie erneut in sich hinein und versuchen Sie, die guten Gefühle bewusst mit in den Alltag hinüberzunehmen. Tauchen

Sie dann allmählich aus Ihrem Herzraum auf und wieder in Ihren ganzen Körper ein. Bewegen Sie Finger und Zehen und kommen Sie in Ihrer gewohnten Umgebung an.

Wenn Raphael an Ihnen wirkt, sorgt er – anders als beispielsweise ein schulmedizinischer Eingriff – nicht nur für eine bestimmte Körperstelle, sondern dafür, dass Ihr gesamtes System wieder in die natürliche, göttliche Ordnung kommt. Deswegen ist es ja auch eine bewährte Herangehensweise, eine frühere Situation mit einzubeziehen, die Ihnen möglicherweise aufs Gemüt geschlagen ist und heute für die Verdauungsprobleme sorgt oder dafür, dass Ihnen ein Fuß beim Laufen und Vorankommen schmerzt. Da die Engel im allerhöchsten Sinne ganzheitlich arbeiten, kann es auch sein, dass Ihnen während der Meditation plötzlich etwas einfällt, was scheinbar nichts mit der Heilung zu tun hat. Sie sollten dem aber bei Gelegenheit nachgehen. Denn häufig rückt das Wirken der Engel etwas in unseren Gedanken oder unserem Weltbild zurecht, was uns ebenfalls zur Genesung verhilft.

Engelenergie durch die Hände wirken lassen

Sie können die Engelkraft auch über einen anderen Menschen in sich fließen lassen oder einem anderen auf diese Weise wohltuende Kräfte geben, und zwar mit einer ähnlichen Partnerübung, wie sie bereits auf Seite 37 beschrieben wurde. Sie sollten sie nur mit jemandem machen, dessen Nähe Ihnen angenehm ist und auf den Sie sich gern einlassen. Dann ist es eine wundervolle und heilsame Erfahrung. Denn der Behandelte spürt sowohl die Energie von Erzengel Raphael als auch die Wärme menschlicher Hände. So kann viel in Gang kommen und die Heilung angeregt werden. Sie können damit allerhand Beschwerden lindern oder auflösen und bei schwierigeren Symptomen zumindest begleitend die Genesung unterstützen.

- Der »Patient« setzt oder legt sich entspannt hin. Der andere stellt oder setzt sich daneben und legt seinem Partner sanft die Hände auf den Kopf oder auf die Füße, je nachdem, was angenehmer für den Patienten ist.
- Der Aktive bittet Erzengel Raphael (oder einen anderen Engel) herbei, der seine Energie durch seine Hände in den anderen fließen lassen soll.
- Nun spüren beide nach, was geschieht. Verändert sich etwas im Körper oder in der Stimmung? Ist im Bereich der Symptome oder des Unwohlseins etwas anders? Tauchen vielleicht innere Bilder oder Impulse auf? Der Empfangende kann sich voll und ganz dem Erleben und der Erfahrung hingeben, er kann sich völlig der Engelenergie überlassen und wissen: Es ist jemand für mich da.

59

Genesungsalltag

Kranksein kann natürlich lästig sein, vor allem, wenn es sich länger hinzieht. Laden Sie daher regelmäßig Erzengel Raphael oder eine andere Engelenergie zu sich ein. Auch wenn Ihr Prozess deswegen vielleicht trotzdem seine Zeit braucht, kann es sein, dass Sie ihn neu interpretieren, dass Sie plötzlich gute Seiten an dieser Zwangspause entdecken oder merken, dass Sie neue Qualitäten in sich entwickeln.

Lassen Sie sich auch dabei helfen, den Alltag gut zu schaffen. Wenn Sie viel auf sich gestellt sind und trotz Schwäche einfach mal zum Einkaufen müssen, dann bitten Sie zuvor einen Engel, Sie ganz von seiner Energie zu erfüllen und Ihnen so die nötige Kraft zu geben. Und scheuen Sie sich auch nicht, sich einfach mal trösten zu lassen und sich immer wieder das Gefühl »zu holen«, dass Sie getragen sind. Kaum eine Energie vermittelt das so gut wie die der Engel.

Für Menschen, die von schwerwiegenden Diagnosen betroffen sind, ist es neben dem Schock oftmals das Schwerste, zu einem großen Teil selbst entscheiden zu müssen, welche Behandlungsform sie wählen. Ich beobachte in meiner Praxis häufig, dass sie damit komplett überfordert sind. Sicher kann ihnen diese Aufgabe wirklich niemand abnehmen, wenngleich ein wenig mehr einfühlsame Aufklärung über die Möglichkeiten oftmals guttun würde. Ich verweise gerade hier gern darauf, dass man sich mithilfe der Engelenergien so weit entspannen kann, dass man überhaupt erst wieder in die Lage kommt, klare Überlegungen anzustellen und Schritte zu planen. Und oftmals erhält man während der Kontakte auch innere Bilder oder Hinweise, wie mit der einen oder anderen Therapie wirklich gut und angstfrei umgegangen werden kann.

Insbesondere Krebspatienten haben große Angst vor einer Chemotherapie und Bestrahlung. Viele Mediziner befürworten heute bereits den Ansatz, dass die Patienten sich diese Therapien innerlich zum Freund machen müssen, um sie gut zu vertragen und als heilend zu erleben. Ich habe Menschen begleiten dürfen, die mithilfe eines Engels für die innere Sicherheit gesorgt haben, dass die Chemiecocktails kaum Gesundes zerstören oder dass nötige Eingriffe rundum gut verlaufen.

Eine Frau beispielsweise musste für eine Tumor-Bauchoperation ins Krankenhaus und hatte große Angst, ob alles gut gehen würde. In der Nacht vor dem Eingriff wusste sie sich gar nicht mehr anders zu helfen, als zu beten. Sie rief in ihrer Angst aus tiefster Seele Gott um

Hilfe. Sofort hatte sie das Gefühl, dass es hell um sie her würde, sie spürte eine Energie, die sie umhüllte und kurz darauf in ihren Bauch einströmte. Dann wurde sie schläfrig und hatte den Eindruck, es würde jemand in ihrem Bauch arbeiten. Eine ganze Zeit verbrachte sie in einem Dämmerzustand und wusste, dass da etwas in ihr wirkte. Sie dachte auch daran, dass sich so wohl ein Engel anfühlen musste.

Als die OP überstanden war, rief sie abends noch einmal diesen Engel herbei, um sich zu bedanken. Und wieder strömte seine Energie in ihren Bauch und blieb dort für eine Zeit. Tränen liefen ihr übers Gesicht, als sie plötzlich mit Gewissheit wusste: Ich werde gesund! Und tatsächlich verheilte die OP-Wunde ungewöhnlich schnell, die Laborwerte erholten sich komplett und in kürzester Zeit, und zum Erstaunen der Ärzte waren keinerlei Nachbehandlungen nötig. Sie kam schnell wieder auf die Füße und erfreut sich seither guter Gesundheit.

Gesunder Lebensstil im Kontakt mit den Engeln

Natürlich müssen Sie nicht warten, bis Sie krank werden, um sich in Sachen Gesundheit himmlischen Beistand zu holen. Es ist ja regelrecht ein Abenteuer geworden, angesichts der unzähligen Expertentipps seinen gesunden Lebensstil zu finden. Aber auch dabei kann man sich von den Engeln beraten lassen – und diese Beratung wird dann höchst individuelle und manchmal auch völlig unerwartete Ergebnisse bringen. Vielleicht spürt jemand im Kontakt mit seinem Schutzengel, dass der nächste Stadtmarathon nicht unbedingt das ist, was der Körper braucht. Einem anderen rät der Schutzengel, doch mal wieder die Turnschuhe aus dem Schrank zu holen. Und eine Dritte fühlt im Engelkontakt tief in ihren Körper hinein und merkt, dass genussvolle Dehnübungen für sie genau das Passende sind und dass sie die nicht unterschätzen sollte.

Wer aus gesundheitlichen Gründen seine Ernährung umstellen muss oder eine entgiftende Frühjahrskur machen will, kann Raphael oder auch den Schutzengel bitten, ihm die Kraft zu geben, es durchzuhalten und möglichst sogar Freude daran zu gewinnen. Auch mit der Diagnose Diabetes, vor allem wenn sie noch neu ist, ist das sehr sinnvoll.

»Ich bin begleitet«: Loslassen und Heilung geschehen lassen

Lassen Sie mich noch einmal auf das Psychisch-Seelische kommen.

Von Voltaire gibt es den verblüffenden Satz: »Das Geheimnis der Medizin besteht darin, den Patienten abzulenken, während die Natur sich selber hilft.« Oft sind es ja vor allem unsere Sorgen und Ängste, die die Heilung erschweren. Auch viele Mediziner wissen heute, dass es nie die Medizin oder der Arzt ist, der heilt. Immer sind es die Kräfte des Körpers, die Energien des Lebens, über die wir eigentlich auch heute kaum etwas Fundiertes wissen. Aber es ist Aufgabe der Medizin, mit welcher Ausrichtung auch immer, dafür zu sorgen, dass diese heilenden Kräfte so gut wie möglich greifen können. Das können sie nicht so gut, wenn zwei Enden eines gebrochenen Knochens nicht mehr aufeinandertreffen oder der Mensch zu viel Blut verliert. Und es wird ihnen auch schwer gemacht, wenn Ängste das ganze System belasten, wenn es im Kopf rattert und rotiert, wenn wir uns gegen die Situation so stark auflehnen, dass auch der Körper nicht zur Ruhe kommt. Mir begegnen auch immer wieder Menschen, die Schuldgefühle an ihre Erkrankung koppeln: »Hätte ich besser gegessen ... wäre ich vorsichtiger gefahren ... wäre ich nicht so ein komplizierter Typ ...« Natürlich beeinflusst unser Lebensstil unsere Gesundheit. Aber wenn es dann passiert ist, geht es ja vor allem darum, aus der Kiste wieder herauszukommen. Und das geht am besten mit Vertrauen und einem offenen, friedvollen Herzen.

Kennen Sie diesen wunderbaren Moment bei einer Krankheit: Man akzeptiert, man lässt los, man gibt alle anderen Pläne auf und gibt sich hin. Mir scheint, als würde bei diesem Loslassen immer der Engel der Gnade seine Energie hinzugeben. Plötzlich wird es leicht, es entsteht Raum für Genesung. Man muss nicht mehr funktionieren und darf sich die Ruhe geben, die der Körper jetzt braucht. Man ist so liebevoll zu sich selbst, dass man sich nicht mehr antreibt und nicht mehr dagegen ankämpft, dass eben gerade kaum Kraft da ist. Vielleicht ist ein anderer Mensch da, der sich um einen kümmert – und man kann die Hilfe annehmen, genießen und dem anderen damit auch die Freude machen, sich als Gebender zu erleben. So leitet sich eine heilsame Wandlungsphase ein, ein inneres Wachsen auf verschiedenen Ebenen.

Nicht nur in Fällen wirklich schwerwiegender Krankheiten sprechen die Betroffenen von Gnade, wenn sie endlich in das Loslassen und die Hingabe tauchen können. Wenn sie nach langem Ringen endlich einen Moment des Vertrauens erleben, in dem sie wissen, dass alles auf die eine oder andere Weise gut gehen wird. Dass alles irgendwie doch einen Sinn ergibt. Ein solcher Moment kann ungeheure innere Kräfte freisetzen. Es ist der Engel der Gnade, der genau solche Momente möglich macht. Er erscheint uns als ein besonderes Geschenk, aber er lässt sich auch aktiv einladen und herbeibitten.

Engel der Gnade

Lass los. Gib ab. Ich halte dir einen großen Korb hin, in den du alles hineinlegen kannst, was dich belastet. Schmerzen, Sorgen, das Gefühl der Last all der Dinge, um die du dich kümmern willst. Du musst nicht alles selbst tragen. Spürst du mich, dann spürst du, wie die Last dir von den Schultern sinkt und von der Seele. Ich lasse das Eis auf deinem Herzen schmelzen.

Warum die Sorge, wozu die Angst? Es wird weitergehen, so will es das Leben. Welchen Weg es wählt, das wird sich zeigen. Erlebe es im Staunen über das Sein. Spüre die friedvolle Gnade, die in jedem Moment, in jedem deiner Atemzüge wohnt.

Ich begleite dich in schweren Zeiten, damit sie für dich tragbar werden – und wenn du willst, sogar leicht. Ich öffne dir die Augen für die schönen Zeichen des Lebens, für die Freude und die Dankbarkeit. Gib ab! Weine dich gesund, schlafe dich gesund, lass los. Ich bin da, um alles aufzufangen, was du nicht mehr tragen willst. Eines Tages gebe ich es dir in gereinigter, geheilter Form zurück. Dann wird es leicht für dich sein und fruchtbar.

Die innere Kraft entfesseln

Wem der Engel der Gnade erscheint, der erkennt augenblicklich, wo er festhält, wo er sich selbst wehtut, weil er ein altes Muster lebt und es nicht lassen will. Es ist, als würde er in ein weiches Kissen sinken und dort ruhen dürfen, bis wieder ausreichend Kraft da ist. In ihm wächst dann der Mut, sich zu etwas Neuem hin zu bewegen – und der erste Schritt dafür ist, das Alte loszulassen. Dabei entsteht eine Lücke, ein Moment des Unbekannten. Aber es kann zugleich das Vertrauen da sein, dass sich diese Lücke mit dem Richtigen füllen wird, dass die richtigen Begegnungen stattfinden werden, dass die optimale Hilfe da sein wird. An den Symptomen hat sich bis dahin vielleicht noch gar nichts verändert. Aber eine innere Kraft ist erwacht.

Eine Frau beispielsweise litt eine Zeit lang unter unklaren Augenbeschwerden, die ihr von der Arbeit am PC zu kommen schienen. Sie hatte große Angst um ihre Sehkraft, zumal sie sich nicht vorstellen konnte, wie sie ohne irgendeine Bildschirmarbeit für ihren Lebensunterhalt sorgen könnte. Einmal lag sie nachts wach voller trüber ängstlicher Gedanken und rief schließlich Erzengel Raphael um Hilfe. Sie legte sich die Hände über die Augen, um sie zu entspannen, und fühlte, wie ein grünlich schimmerndes Licht dort zu wirken begann. In ihrer großen Sorge blieb sie skeptisch, ob das etwas ausrichten könne – da fühlte sie ganz klar über sich eine Präsenz: Der Engel der Gnade war erschienen. Seine bloße Anwesenheit war für die Frau die Wende. Sie wusste unter Tränen der Erleichterung, dass sie sich entspannen konnte, dass sie ihre Sorgen loslassen konnte, dass sie nicht allein war und vor allem, dass alles, was geschah, im Sinne einer größeren Ordnung war, die es nicht böse meinte. Unendlich berührt konnte sie vertrauen, dass alles gut gehen würde.

Die folgende Anregung kann Ihnen bei einem solchen Loslassen und Vertrauenfinden helfen, ganz gleich, ob Sie sich um Ihre Gesundheit sorgen, Angst vor einer Diagnose oder einem operativen Eingriff haben, unter Schlafstörungen leiden, ob Sie vor einer Präsentation zittern, Ihnen rote Zahlen auf dem Konto oder immer wieder schlechte Noten Ihres Kindes die Ruhe rauben. Übergeben Sie dem Engel der Gnade das, was Sie belastet.

◆ Machen Sie es sich bequem und bitten Sie den Engel der Gnade mit seinem großen Korb zu sich in den Raum. Spüren Sie nach, ob Sie eine Veränderung wahrnehmen können, vielleicht merken Sie, wie sich Ihr Herz öffnet, oder nehmen unter den geschlossenen Lidern einen Lichtschein wahr. Vielleicht können Sie den Engel mit seinem Korb sogar vor sich sehen oder imaginieren.

◆ Geben Sie nun alles, was Sie belastet und quält, in diesen Korb: Ängste, Befürchtungen, Sorgen, innere Nöte, Unruhe, schlechte Gedanken, was auch immer es ist. Merken Sie, wie bereitwillig der Engel der Gnade all das annimmt, um Sie zu entlasten?

◆ Jetzt spüren Sie einmal nach, wie Sie sich jetzt fühlen. Wer sind Sie so ohne diese Last? Können Sie die Freiheit spüren? Können Sie Ihr inneres Wissen wahrnehmen, dass Sie nicht alles allein tragen müssen?

◆ Wie wäre es, wenn diese Freiheit und Leichtigkeit, vielleicht auch diese Verbundenheit, die Sie jetzt spüren, in Ihrem Leben manifest würde? Wenn Sie fortan immer da wäre? Wollen Sie so leben? Können Sie das annehmen?

◆ Bedanken Sie sich beim Engel der Gnade, bevor Sie sich verabschieden und langsam in Ihren Raum zurückkehren, in Ihren Körper und in Ihren Alltag.

Durch diese Erfahrung können Sie sehr viel über sich lernen. Denn es ist für die meisten von uns gar nicht so leicht, alle Lasten abzugeben und sich frei zu fühlen. Viele berichten nach dieser Übung, dass sie für einen Moment eine unangenehme Leere oder sogar Angst gespürt haben, als sie plötzlich so frei von Sorgen und Nöten waren. »Darf ich das?«, fragt eine innere Stimme. »Steht mir das zu?«, und auch: »Wer bin ich denn jetzt eigentlich, so ohne mein Päckchen Leid?«

Es klingt vielleicht wenig für jemanden, der gerade eine schwere Krise oder Krankheit durchleben muss – aber etwas Wesentliches ist die neu gewonnene innere Sicherheit, dass man getragen und begleitet ist. Es mag manchmal gelingen, dass man auch die Krankheit selbst in den Korb abgeben kann. Der Anfang der Heilung ist es aber schon, wenn man wieder spürt, dass da ein Wesen von einer anderen Ebene liebevoll über uns wacht, welchen Lauf das Leben auch nehmen wird. Dass man nicht allein ist, dass man Unterstützung erbitten und erhalten kann.

Viele entdecken mit dieser Erfahrung auch das Gute an einer Schwierigkeit: Mal wegen der Grippe eine Woche im Bett bleiben zu müssen, das kann für Gestresste eine wahre Erlösung sein – nachdem sie das schlechte Gewissen losgelassen haben. In der erzwungenen Pause zeigen sich ihnen dann oftmals auch neue Ideen oder Impulse, die das Leben danach etwas weniger stressig werden lassen könnten.

67

Wenn ein Leben zu Ende geht

Wir Menschen sind sterblich, und wir sind die Spezies auf der Welt, die das auch weiß. Das heißt allerdings nicht, dass wir diese Tatsache auch im Bewusstsein halten. Wir verdrängen sie mit aller Macht. Und doch holt sie jeden von uns irgendwann ein, sei es durch den Tod von Nahestehenden oder durch eine schwere Krankheit, die Angehörige oder uns selbst trifft.

Sich von Engelenergien unterstützen zu lassen kann nicht einfach heißen, dem Tod zu entkommen. Ja, viele Menschen wissen, dass ihr Schutzengel sie aus einer ansonsten tödlichen Situation gerettet hat. Andere konnten durch die Gebete an einen Engel Heilung finden und dem Tod tatsächlich »von der Schippe springen« und ihrem Leben noch viele schöne Jahre hinzufügen. Für wieder andere aber bedeutete die Arbeit mit den himmlischen Energien, dass sie leichter, friedvoller und bereiter sterben konnten.

Beispielsweise weiß ich von einem Freundeskreis, der ein Heilwochenende für eine schwer an Krebs erkrankte Freundin unternahm. Die Frau lag im Krankenhaus, und etwa acht Leute hatten vereinbart, ihr zu jeder vollen Stunde über Erzengel Raphael Heilenergie zu schicken. Sie beteten also viele Male für die Frau, luden die Engelkraft ein und baten sie, ihr zu helfen. Als sie in der darauffolgenden Woche untersucht wurde, konnte man keine Krebszellen mehr finden. Dabei war ihr Körper zuvor voll davon gewesen. Das hieß aber nicht, dass sie nun als »wundergeheilt« entlassen werden konnte. Sie war durch Jahre der Krankheit geschwächt und hatte viel durchgemacht. Als ich mit ihr sprach, erlebte ich sie als auffallend ruhig und mit sich im

Reinen. Uns beiden war klar, dass jetzt der Moment gekommen war, an dem sich ihr Lebensplan erfüllen würde. Nur noch eines war wichtig: das, was ihre Seele wollte. Die Frau konnte noch einige friedvolle Tage erleben und dann sanft einschlafen. Warum kann nicht auch das Heilung sein?

Dankbar das Leben lieben

Indem uns ein Engel, beispielsweise der Engel der Gnade mit seiner intensiven Schwingung, das Herz öffnet, bringt er uns auf unserem Entwicklungsweg enorm voran. Wir blicken nicht mehr nur nach außen, sondern »kommen zu uns«. Schmerz und Mangel in uns können sich nach und nach lösen. Wir erfahren zunehmend unsere innere Stärke, weil wir nicht mehr in alten Mustern und Widerständen festhängen. Wir tauchen in unser unendlich reiches Innenleben, in dem wir immer mit den Kräften des Lebens selbst verbunden sind. Dann zeigt sich die Gnade überall. In jedem Atemzug, den man tun darf. In jedem Blick auf die Natur oder in die Augen eines Kindes. Es ist so wundervoll, was man in einem einzigen Moment erleben kann, den man tief und bewusst erlebt! Ein solcher Zugang zur Welt lässt uns voller Energie sein. Voll überströmender Dankbarkeit. Auch dafür, dass es uns möglich ist, einen solchen Weg zu gehen. Wir wissen um unsere innere Stärke, und das macht frei. Es lässt uns freundlich in die Welt blicken – und die Welt blickt freundlich zurück.

Unsere Beziehungen –
und die Engel

*F*ragt man Menschen, was ihnen das Wichtigste ist, hört man fast immer: Familie, Freunde, Angehörige. Beziehungen sind das Salz in der Suppe des Lebens, und der Austausch mit anderen Menschen ist etwas ganz Wesentliches. Wenn es in Partnerschaft oder Familie, aber auch zwischen Freunden oder Kollegen knirscht, nimmt uns das ziemlich mit. Auf den folgenden Seiten möchte ich Ihnen mit ein paar Anregungen zeigen, dass Sie Ihre »guten Beziehungen« zur geistigen Welt auch nutzen können, um immer mehr Erfüllung in Ihre Begegnungen mit anderen Menschen zu bringen.

Miteinander gut sein

Beziehung, das heißt nicht nur Ehe, Lebenspartnerschaft oder Liebesbeziehung. Beziehungen haben wir in engerer oder lockerer Form zu allen Menschen, mit denen wir in Kontakt sind. Auch zu Kollegen und Chefs in der Firma, zur Kassiererin im Supermarkt und zum Nachbarn im Nebenhaus, auch wenn der nie etwas sagt. Gerade diese kleinen Begegnungen bestimmen oftmals, wie wir uns fühlen – was sich dann auch auf die engeren Beziehungen auswirkt.

Einfluss auf die Stimmung unter den Mitmenschen können wir auf vielfältigste Weise nehmen. Auch wenn wir manchmal einfach nicht über unseren gerade etwas grantigen Schatten springen können. Dann klappt es eben nicht, aber beim nächsten Mal haben wir wieder die Chance. Ich war beispielsweise einmal mit der Familie im Biergarten, es war herrliches Wetter, alle Tische waren gut besetzt – und die Bedienung extrem unfreundlich. Sie wurde gerade am Nachbartisch ebenso unfreundlich von ihrer Kundschaft zurechtgewiesen, da fiel mir auf, dass sie einfach nur geschafft und überfordert war. Als sie dann zu uns kam, sagte ich zu ihr: »Sie haben wirklich viel zu tun heute.« Sie schaute irritiert auf und stoppte ganz kurz in ihrem hastigen Tun. »Aber jetzt ist es ja nicht mehr so lang. Und danach gönnen Sie sich zu Hause richtig Ruhe!« Sie nickte nur und ging. Kurz darauf hörte ich von einem anderen Tisch lautes Lachen – und sie mittendrin und lachend dabei. Als sie das nächste Mal zu uns kam, war sie viel gelöster und schaute einmal kurz dankbar zu mir rüber. Wir konnten den Aufenthalt dort mit dieser nun netten Bedienung natürlich auch viel mehr genießen. Vor allem aber: Ist es nicht schön, mit ein wenig Verständnis für einen anderen Menschen die Stimmung eines Abends oder die Energie eines Raumes positiv verändern zu können?

Ideen dazu, etwas zum Guten zu verändern, können Sie sich natürlich auch von einem Engel holen. Oder Sie bitten ihn, seine Energie in die Situation fließen zu lassen. Das ist gerade dann hilfreich, wenn Sie selbst auch nicht so gut gestimmt sind und am liebsten zurückgranteln würden. In allen zwischenmenschlichen Belangen könnten Sie beispielsweise Erzengel Gabriel anrufen. Er verkündet – wie laut der neutestamentlichen Überlieferung bei Maria die bevorstehende Geburt Jesu – Neues und löst alte, starr gewordene Strukturen auf, also auch das, woran es in Beziehungen so oft hakt.

Erzengel Gabriel

Der Neubeginn ist meine Kraft. Ich künde dir vom Neuen und wandle Hoffnungslosigkeit in frische Kraft. Trau dich, bislang Verdrängtes zu durchfühlen und überholte Wünsche zu verabschieden. Lass alte Zwänge hinter dir, löse die Starre in deinem Herzen und freu dich neu am Tanz des Lebens.

Hab keine Angst vor der Leere. Hat sich Überlebtes aufgelöst, vergeht ein Moment der stillen Pause. In dieser Zwischenphase zwischen Alt und Neu spende ich dir Zuversicht.

Du kannst darauf vertrauen, dass es weitergeht. Verbinde dich in dieser Zeit mit deiner innersten Reinheit und mit den geistigen Kräften, die unentwegt wirken. Komm mit dir und der höheren Ordnung in Einklang. Bist du bereit, öffne ich dir die Tür für deine nächsten Schritte, und du kannst das Neue freudig begrüßen.

So wird die »Luft wieder rein«

Ein gutes Miteinander hat viel mit den Schwingungen zu tun, die jeder dauernd aussendet. Streit und ungute Gefühle wie Neid oder Groll können uns nicht nur nachhaltig die Stimmung verderben. Sie blockieren auch die Energie in den Räumen, in denen sie sich zeigten. Dann kommt man in ein Zimmer und stellt fest, dass da »dicke Luft« herrscht. Die können wir auch in unserem eigenen Energiefeld haben, weshalb eine gewisse »spirituelle Hygiene« sehr hilfreich ist. Und wer sollte uns dabei besser helfen können als ein Engel mit seiner sprichwörtlich reinen und klaren Energie?

Die folgende Reinigungs- und Heilmeditation mit Erzengel Gabriel finden Sie als Track 5 auch auf der CD. Sie eignet sich für eine regelmäßige, wenn Sie wollen sogar tägliche Reinigung Ihres gesamten Energiesystems, insbesondere aber nach Streit, Stress, ärgerlichen Situationen oder einem Schreck.

◆ Setzen Sie sich bequem hin und atmen Sie einige Male in Ruhe ein und aus. Wenn Sie sich geärgert haben oder noch etwas Stress spüren, können Sie auch ein paar Mal richtig tief und hörbar die Luft rauspusten oder auch seufzen.

◆ Schließen Sie die Augen und rufen Sie Erzengel Gabriel zu sich. Bitten Sie ihn, mit seinem weißen und leicht bläulichen Licht vor Ihnen zu erscheinen und dieses Licht über Ihren Scheitel in Sie hineinfließen zu lassen. Bitten Sie ihn darum, mit seinem klaren, reinen Licht alles in Ihnen und um Sie her zu reinigen.

◆ Nehmen Sie wahr, wie sich das Licht in Ihrem Solarplexus oberhalb des Bauchnabels sammelt und zu einer weißen, strahlenden Kugel von großer Schönheit und Reinheit verdichtet. Können Sie die Helligkeit in Ihrem Bauchraum wahrnehmen?

◆ Nehmen Sie wahr, wie sich dieses weiße, klare Licht von Ihrem Solarplexus aus ausbreitet und immer weiter wird, immer strahlender. Es hüllt Sie jetzt ganz ein, Ihren ganzen Körper und auch Ihr gesamtes Energiefeld.

◆ Spüren Sie sich inmitten dieses weißen Lichts, das Sie nicht nur umhüllt, sondern auch ganz und gar durchdringt.

◆ Das Licht reinigt mit seiner großen Klarheit all Ihre Gedanken und Gefühle. Ihre ganze Energie wird aufgefrischt und geklärt.

◆ Jede Zelle Ihres Körpers wird von diesem Heillicht Gabriels gesäubert. Alle Muskeln und Gewebe, alle Organe und Drüsen, die Haut und sogar die Knochen – alles wird tief gereinigt und von allem Alten und Verbrauchten befreit.

* Sie baden in diesem Licht und fühlen sich wie neugeboren. Hell, strahlend und rein sind Sie nun selbst geworden. Ihr Energiefeld hat sich ausgedehnt und durchdringt all Ihre Lebensbereiche mit dieser göttlichen Klarheit und Reinheit.

* Genießen Sie diesen Zustand noch eine Zeit lang.

* Bitten Sie Erzengel Gabriel nun, das Licht allmählich kleiner werden zu lassen. Es zieht sich nach und nach wieder in Ihren Solarplexus zurück, wo Sie einen lebendigen Funken davon behalten können.

* Bedanken Sie sich bei Gabriel und verabschieden Sie sich. Kommen Sie dann langsam zurück aus dieser Heilmeditation, indem Sie die Zehen und Finger bewegen, sich allmählich zu rekeln und zu dehnen beginnen und sich neu in Ihrem Zimmer orientieren.

Wenn Sie mit dieser Übung nach einer Zeit gut vertraut sind, lässt sie sich sogar schnell zwischendurch nutzen. Wenn Sie beispielsweise in einem Gespräch merken, dass Wut in Ihnen aufsteigt. Bevor Sie etwas sagen, was Ihnen längerfristig ebenso wenig weiterhelfen wird wie der Situation, lassen Sie kurz den weißen Lichtstrahl Gabriels in sich wirken. Das ist das Gleiche, wie wenn manche in emotionalen Momenten nicht gleich reagieren, sondern erst mal bis zehn zählen oder dreimal tief durchatmen. Wenn Sie eine Energie aus der geistigen Welt, wie eben Erzengel Gabriel, hinzubitten, wird es umso effektiver, und Sie können sich überraschen lassen, wie es dann weitergeht.

Ich bat mal einen Mann, der oft über Streit mit seiner Freundin klagte, das auszuprobieren. Er berichtete, dass er gehofft habe, er würde sich durch diese Übung entspannen und könne sanft und liebevoll statt immer lauter und unerbittlicher werden, sodass sie schließlich einlenken würde, beide sich umarmen würden und alles vergessen wäre. Es kam aber anders: Wegen einer Kleinigkeit bekamen sich beide wie so oft in die Haare, er fand die Argumente seiner Partnerin unsinnig und spürte wieder diese Wut. Er schaffte es, wie zuvor ein-, zweimal geübt, an das Licht Gabriels zu denken und in Gedanken noch eine Bitte an ihn auszusprechen – da begann er lauthals zu lachen. Es war ihm mit einem Mal klar geworden, wie absurd diese Art zu streiten war. Seine Freundin war im ersten Moment erschrocken und setzte zu einer wütenden Äußerung an, weil er sie wohl nicht ernst nahm. Doch dann gab es einen beinahe magischen Moment: Beide hielten inne, sahen sich in die Augen, absolute Stille – und dann erneut Lachen. Diesmal lachten sie gleichzeitig los. Sie waren aus dem Muster ihrer destruktiven Streitereien ausgebrochen. Und am Ende lagen sie sich tatsächlich in den Armen.

Diese Übung mit dem weißen Licht lässt sich auch erweitern, um das Umfeld gleich mit zu reinigen. Nach einem Streit oder auch während eines längerfristigen Konflikts kann das ausgleichend wirken und die dicke Luft auflösen. So kann man sich danach wieder mit einem klaren Kopf und reineren Gefühlen neu begegnen und die Sache klären. Auch wenn Sie sich mit jemandem am Telefon gezankt haben, können Sie das weiße Licht Gabriels so weit strahlen lassen, dass es auch Ihren Konfliktpartner erreicht. Es geht dabei keinesfalls darum, etwas an ihm zu ändern. Bitten Sie einfach darum, dass sich die Strecke zwischen Ihnen beiden, die ja durch den Streit gewissermaßen vergiftet wurde, wieder harmonisiert. Unterschwellig wird auch der Streitpartner die neuen, reinen Schwingungen zu spüren bekommen. Was er damit macht, ob er sie nutzt oder ignoriert, das ist ganz ihm überlassen. Sie sorgen für sich und für eine gute Atmosphäre in dem Bereich, den Sie mit verantworten.

Ähnlich wie bei der buddhistischen Mitgefühlsmeditation können Sie das Licht Gabriels aber auch eher unpersönlich immer weiter ausdehnen, bis es vielleicht sogar das ganze Land, den Kontinent oder komplett Mutter Erde umfasst. Als eine solche Meditation wirkt sich die Übung dann heilsam für alle Wesen innerhalb des Lichts aus, die diese Energie annehmen wollen oder können, und wird damit zu einem Ihrer Beiträge für eine noch lange lebenswerte Welt.

- Machen Sie die Reinigungsübung mit Erzengel Gabriel, wie sie eben beschrieben wurde, bis zu dem Punkt, an dem Sie gereinigt und strahlend im Licht baden.
- Bitten Sie Erzengel Gabriel nun, dieses strahlend weiße Licht weiter auszudehnen, bis es den ganzen Raum erfüllt … das ganze Haus … das ganze Viertel oder Dorf … die ganze Stadt.
- Wenn Sie noch weiter gehenwollen, beziehen Sie das ganze Land mit ein … den gesamten Kontinent … den gesamten Planeten Erde und seine Sphären …
- Spüren Sie, wie es sich anfühlt, mitten in einer Welt aus klarem, reinem und reinigendem Licht zu sitzen, darin zu atmen, darin das Leben zu spüren. Verweilen Sie darin, solange Sie möchten.
- Wenn Sie dann so weit sind, bitten Sie Gabriel, dieses Licht wieder kleiner werden zu lassen. Der Umkreis, den es erreicht, wird geringer und geringer, bis sich das Licht wieder auf Ihren Raum, auf Ihren Körper, auf Ihre Herzgegend begrenzt. Wenn Sie wollen, können Sie einen Lichtfunken dort belassen.
- Bedanken Sie sich bei Erzengel Gabriel und seinem weißen Licht und verabschieden Sie sich.

◆ Vielleicht wollen Sie noch eine Weile sitzen bleiben und nachspüren und dabei ganz allmählich wieder in Ihrem Alltag ankommen.

Auch mit dieser meditativen Übung können Sie wieder ganz flexibel umgehen. Zum Beispiel können Sie auch darum bitten, dass dieses heilsame Licht in genau die Situation einströmt, die Sie aktuell quält. Oder Ihnen sind bestimmte Altlasten bewusst geworden, Muster, die Sie immer wieder ausagieren, oder tief verankerte Glaubenssätze, die Ihnen nicht guttun. Lassen Sie ihnen das Licht Gabriels begegnen – und schauen Sie, was weiter passiert und wie sich die Dinge entwickeln.

Wie geht es weiter?

Oft wissen wir genau das nicht: wie sich die Dinge weiterentwickeln sollen. In den unterschiedlichsten Beziehungen, aber auch ganz allgemein im Leben fragen wir uns oft, wie es weitergehen soll. Das kann eine verzweifelte Frage sein, aber auch eine, die zeigt, dass jemand mit mehreren positiv lockenden Optionen momentan überfordert ist. Wie immer, wenn wir feststecken, können wir auch dabei die Engelwelt bitten, den Raum in uns wieder weit werden zu lassen und uns kleine Zeichen zur Orientierung zu schicken.

Die folgende innere Reise, bei der Sie wieder Erzengel Gabriel begegnen, bietet Ihnen genau diese Chance auf Neuorientierung. Wenn Sie wollen, können Sie sie auch dafür nutzen, nach dem großen Bogen Ihres Lebens zu fragen, danach, was Ihr ureigenes Ziel ist, Ihre grundlegende Ausrichtung. Im weitesten Sinne hat dieses Ziel immer mit dem Thema Beziehungen zu tun: Niemand lebt im luftleeren Raum, und was

Sie an Höchstem in diesem Leben erreichen oder entwickeln wollen, dient irgendwie immer auch dem Allerbesten anderer und dem Wohl des Ganzen.

◆ Setzen Sie sich bequem hin und atmen Sie ein paar Mal tief und ruhig ein und aus.

◆ Schließen Sie die Augen und stellen Sie sich wieder Ihre große, weite Wiese vor. Blumen blühen in allen denkbaren Farben, Vögel zwitschern, der Himmel leuchtet in einem wundervollen Blau. Es ist warm, und Sie spüren eine angenehme Brise auf der Haut.

◆ Sie gehen ein paar Schritte und bemerken den Fluss des Lebens, der ruhig dahinfließt. Das Wasser glitzert in der Sonne, tausende tanzende Lichtfünkchen. Suchen Sie sich an seinem Ufer einen angenehmen Platz, an den Sie sich gemütlich hinsetzen können, um dem Fließen des Wassers zuzusehen.

◆ Machen Sie sich, hier an Ihrem Fluss des Lebens, klar, wo Sie momentan stehen. Was ist Ihre Situation? Was ist gut daran, was stimmt nicht mehr? Wo fühlt es sich eng oder irgendwie verhakt an? Fragen Sie sich, ob Sie diese Situation noch so wollen. Ob Sie weiterhin den Preis für die guten Seiten zu zahlen bereit sind. Geben Sie sich Zeit für die Antwort. Lassen Sie alles in sich auftauchen, was auftauchen will.

◆ Bitten Sie nun Erzengel Gabriel, den Verkünder eines jeden Neubeginns, zu sich. Spüren Sie eine Veränderung im Raum oder in sich, nachdem Sie die Bitte ausgesprochen haben?

◆ Begrüßen Sie Gabriel und bitten Sie ihn, seine Energie in Sie mitsamt Ihren Überlegungen und Empfindungen zur aktuellen Lebenssituation einfließen zu lassen. Spüren Sie, wie es Ihnen damit geht. Was verändert sich? In Ihren Gefühlen, in Ihrem Denken?

◆ Wenn Sie wollen, können Sie ihm nun eine der ganz großen Fragen stellen: »Was ist mein Lebensziel?« Vielleicht zeigt sich Ihnen ein Symbol, vielleicht ein Wort oder ein inneres Bild, oder Sie haben eine körperliche Empfindung. Nehmen Sie es einfach wahr. Oftmals versteht man so etwas erst mit der Zeit. Aber es ist ein Samen in Ihnen zum Keimen angeregt worden.

◆ Fragen Sie Erzengel Gabriel nun noch nach dem nächsten Schritt, der für Sie ansteht, und lauschen Sie wieder mit allen Sinnen auf die Antwort.

◆ Wenn es für diesmal genug ist, bedanken Sie sich bei Erzengel Gabriel, nehmen noch einmal bewusst seine Energie in sich auf und verabschieden sich. Kommen Sie dann allmählich wieder in Ihrem Körper und in Ihrer gewohnten Umgebung an.

Gelungene Partnerschaft

Neben Eltern-Kind-Beziehungen sind Liebesbeziehungen sicher die intensivsten. In meiner Praxis erlebe ich – wie wohl alle, die mit Menschen arbeiten –, dass es auf Gesundheit, Stimmung, Schaffensfreude und so weiter einen enormen Einfluss hat, ob die partnerschaftliche Situation gerade zufriedenstellend ist oder nicht. Und manchmal ist es gar nicht so leicht, jemanden dafür zu sensibilisieren, der doch wegen einer gesundheitlichen Beschwerde zu mir kam, nun aber von mir hört, dass deren Ursache auch im partnerschaftlichen Bereich liegen könnte. Wenn wir dann mit Energien arbeiten, zeigt sich der weitere Weg – für Gesundheit wie Beziehung – oft beinahe von selbst.

Die große Kunst in Paarbeziehungen scheint mir zu sein, auch im Alltag ein Bewusstsein dafür zu behalten oder immer wieder zu akti-

vieren, wie gut man es miteinander hat. Auch nach Jahren und allerlei Schwierigkeiten noch zu spüren, was für ein wunderbarer Mensch
da an meiner Seite ist – schließlich habe ich ihn mir ja gewählt für
einen gemeinsamen Lebensweg. Da diese Bewusstheit im normalen
Leben mit Arbeit, Kindern, Haushalt, Hund und Sportverein nur zu
leicht verloren geht, empfiehlt es sich, den Fokus darauf zu legen.
Beispielsweise lässt sich die Dankbarkeit für die Beziehung sehr gut
in ein Abendgebet einbeziehen, das wiederum die Engel mit ein-
schließen kann. So würdigt man das Gute, das man hat, im Alltag
und holt es sich selbst wieder deutlicher vor Augen. Dass Sie trotzdem ab und zu etwas Besonderes nur zu zweit unternehmen sollten,
um Ihre Gemeinsamkeit zu feiern und zu stärken, ist klar. Vielleicht
fallen Ihnen gerade im Kontakt mit einer geistigen Energie die besten Ideen dazu ein.

Beziehungen sind natürlich immer auch herausfordernd. Deswegen kann ich nur empfehlen, in einer Meditation mit einem Engel
um die Stärke zu bitten, alle anfallenden Aufgaben gut zu meistern.
Wenn ein Partner krank wird oder andere Schwierigkeiten zu bewältigen sind, ist es gut, von allen möglichen Seiten Beistand zu haben.
Und auch die ganz alltägliche Gestaltung der Partnerschaft verlangt
immer wieder Flexibilität und die Bereitschaft, über sich hinauszu-
wachsen, zumindest wenn beide eine erfüllte Beziehung leben wollen. Wir alle haben so unsere Muster und fixen Ideen in uns, wie es
sein sollte, die aber nicht immer mit den Vorstellungen des Part-
ners übereinstimmen. Da kann oft ein Stoßgebet nötig sein, mit dem
man um die Kraft bittet, den anderen so sein lassen zu können, wie
er ist.

Umso schöner ist es dann, wenn es gelingt. Dann erleben Sie
eine große Dankbarkeit für Ihre innere Freiheit, die Sie ebenso dem

anderen lassen können. Jeder darf er selbst bleiben. Sie bleiben beide individuell und eigenständig – und sind zugleich innig verbunden.

Einsamkeitsgefühle heilen

Eine gelungene Partnerschaft, das ist etwas, was viele heute ersehnen und sich zutiefst wünschen. An diesem Beispiel möchte ich noch einmal etwas klarer werden lassen: Vor allem angeregt durch hunderte Bücher zum Thema sind wir heute sehr darauf geprägt, uns die Welt nach unseren Wünschen und Zielen zu gestalten. In meiner Heilarbeit und bei meinen Seminaren gehe ich mit den Patienten und Teilnehmern einen anderen Weg – und der scheint mir ganz gut zu funktionieren: Statt sich auf ein Ziel zu fokussieren und damit vom aktuellen Zustand wegzugehen, rege ich dazu an, mit dem Ist-Zustand zu beginnen und dort eine Heilenergie hineinfließen zu lassen. Dann verändert sich die Sache, die Themen entwickeln sich weiter, und dies oftmals auf eine so gute Weise, wie man sie sich gar nicht hätte wünschen können. Denn wünschen kann man sich ja nur, was man bereits kennt oder als Idee im Kopf hat.

Gerade mit den Engelenergien geht das sehr gut. Sie verändern die gesamte Grundschwingung, unsere Sichtweise auf das Thema und unser Wirken im Außen. Dadurch muss sich natürlich auch die unangenehme Situation weiterbewegen. Außerdem haben wir im Kontakt mit einer höheren Energie viel mehr Kraft, uns auch dem zuzuwenden, was wir sonst nicht so gern anschauen.

Nehmen wir das Beispiel Einsamkeit. Sie kann alle Menschen phasenweise treffen, ganz egal, ob sie tatsächlich allein leben oder nicht. Statt sich nun – im Falle des Singles – einen Traumpartner herbeizufantasieren oder – im Falle des unzufriedenen Gebundenen – an seinem Partner herumzuerziehen, könnte man bei sich ansetzen. Das ist nicht immer leicht, aber es lohnt sich.

- ◆ Setzen Sie sich wieder bequem hin und lassen Sie die Füße gut Kontakt zum Boden aufnehmen. Atmen Sie ein paar Mal tief durch und gehen Sie mit Ihrer Aufmerksamkeit in Ihre Herzgegend. Lassen Sie einen dreidimensionalen Raum entstehen und versenken Sie sich nach und nach in diesen Herzraum. Welche Farbe erkennen oder spüren Sie in Ihrem Herzraum? Welche Empfindung herrscht dort vor? Nehmen Sie einfach wahr.
- ◆ Rufen Sie nun das Gefühl der Einsamkeit wach und registrieren Sie, wie es den Herzraum verändert.

- ◆ Fragen Sie sich: »Wann hat die Einsamkeit begonnen, wann war der Bruch da?« Lassen Sie Bilder, Erinnerungen, Empfindungen oder Worte einfach aufsteigen. Sie brauchen nicht nachzudenken, erleben Sie einfach nur, was sich von selbst zeigt.
- ◆ Bitten Sie nun darum, Erzengel Gabriel oder die Marienenergie spüren zu dürfen. Was bemerken Sie, was verändert sich?
- ◆ Lassen Sie diese heilsamen Energien in Ihrem Herzen alle Räume erfüllen und die Schwingungen der Einsamkeit und des früheren Erlebens ausgleichen. Vertrauen Sie darauf, dass diese Energien in Ihnen heilen, was Heilung benötigt.
- ◆ Wenn Sie wollen, können Sie auch nach dem nächsten Schritt fragen, der für Sie ansteht und Sie aus der Einsamkeit herausführt – weiter voran auf Ihrem Lebensweg.
- ◆ Bedanken und verabschieden Sie sich am Ende und kehren Sie langsam mit Ihrem Bewusstsein in die gewohnte Umgebung zurück.

Umarmungen himmlischer Art

Die Engel sind immer äußerst kreativ in ihrem Wirken für uns. Auch ohne eine spezielle Übung, einfach nur indem man sie um Hilfe bittet, passiert oft sehr viel. Eine Frau beispielsweise war von ihrem Mann verlassen worden, als die Kinder gerade dabei waren, ebenfalls aus dem Haus zu gehen. Sie fühlte sich schrecklich verletzt, weggeworfen und einsam. Nach ein paar Monaten hatte sie sich mit der Situation so weit arrangiert, dass sie gut klarkam und die neue Unabhängigkeit zu genießen gelernt hatte. Sie pflegte mittlerweile mehr Freundschaften als zuvor und meinte sogar, sie würde sich wieder mehr »als sie selbst« fühlen. Nur manchmal versank sie in tiefem Kummer, weil sie sich ohne Mann so furchtbar unvollständig vorkam.

Eines Nachts lag sie wach, völlig gefangen in diesem Schmerz. Da bat sie die geistige Welt um Hilfe, sie möge ihr ein Zeichen geben oder irgendetwas, das ihr helfen würde. Sie spürte sofort eine Präsenz im Raum, die sie an einen Engel denken ließ, und eine angenehme Wärme in ihrem Rücken. Alles wurde ganz weich und sanft. Sie fühlte durch die Verbindung mit dem Engel eine innere Stärke, die sie früher nie wahrgenommen hatte. Und sie wusste mit einem Mal: Sie war offen für alles, was ihr das Leben in Zukunft bringen würde, aber ihr Glück war nicht davon abhängig, wieder einem Lebenspartner zu begegnen. Sie war frei und stark, ihren Weg zu gehen und sich von ganzem Herzen daran zu freuen.

Die Energie innigster Liebe

Als Inbild für die innigste Liebe gilt seit Jahrhunderten Maria. Ihre Energie zähle ich mit zu den Engelenergien, da sie ähnlich wirkt und aus den gleichen Sphären zu stammen scheint. Sie einzuladen kann die emotionale Befindlichkeit sofort komplett verändern: Alles wird weicher, leichter, eingehüllt in einen Mantel der Geborgenheit. Nicht umsonst sprechen alte Traditionen vom Mantel Marias, in den sie die hüllt, die sie um Schutz ersuchen. Zahllose alte Darstellungen in der Malerei zeigen sie mit diesem meist blauen Mantel.

Bis heute nehmen christlich geprägte Menschen aus aller Welt zu ihr Zuflucht. Wallfahrten nach Lourdes oder Pilgerwanderungen zur Wieskirche bei Steingaden oder der »Schwarzen Maria« in Altötting begeistern jährlich tausende. Aber auch in vielen anderen Kirchen und Kapellen im katholischen Raum finden sich zahlreiche Tafeln mit Inschriften wie »Danke, Maria« oder mit dem wie ein dankbares Aufseufzen klingenden »Maria hat geholfen«. Sie zeigen, wie lebendig nicht nur die Verehrung der Muttergottes ist, sondern dass sich die Menschen auch heute mit ihren Problemen an sie wenden und Hilfe erfahren. Und dies auf manchmal tatsächlich wunderbare Weise, wie man erkennt, wenn man die Vielfalt der Votivtafeln der Leute in den Kirchen anschaut.

Für die Marienenergie können sich auch viele Menschen öffnen, die ansonsten nichts mit der Religion des Christentums zu tun haben und zu tun haben möchten. Wenn das für Sie zutrifft, wünsche ich Ihnen diese Offenheit, denn Sie können so eine wirklich nur als wundervoll zu beschreibende Heilenergie spüren.

Marienenergie

Weich hülle ich dich in mein Licht. Entspanne dich in meinen Armen und erinnere dich an die Liebe, die tief in dir wohnt. In deinem Herzen, in deinem Atem, in jeder deiner Zellen. Erinnere dich an die Liebe der Existenz, an die Liebe des Lebens.

Spüre die Geborgenheit, die dir sagt: Du bist zu Hause in deinem Leben. Du bist richtig dort. Lass dein Herz heilen, lass Heilung geschehen in der alles umhüllenden Liebe.

Geborgenheit und Mitgefühl

Wenn in einem Seminar die Marienenergie spürbar wird, verändern sich die Teilnehmer augenblicklich. Alle werden ganz still, viele weinen und sind sehr bewegt. Diese Energie berührt die tiefsten Tiefen unseres Seins und führt uns direkt in unser Herz und in Kontakt mit unserer Seele. Sie kann unser Herz heilen und uns Mitgefühl als grundlegende Lebenshaltung lehren. Nicht nur mit anderen Menschen brauchen wir heute mehr denn je Mitgefühl, sondern auch mit uns selbst. Denn dann lassen wir uns nicht mehr so häufig in Stress oder Streit verwickeln. Wir leben stärker so, wie es uns guttut, wie es uns freut und wie es dann oft auch für alle, die mit uns zu tun bekommen, zur Freude wird.

Die folgende Herzensmeditation mit der Marienenergie verbindet Sie stark mit der heilsamen Kraft von Liebe, Frieden und Geborgenheit. Diese nährenden Gefühle lassen Sie dabei zuerst in sich selbst wirksam werden und dann nach außen zu anderen Menschen, zu Tieren oder in die Natur strömen. Sie finden die Meditation auch auf der CD, Track 6.

◆ Setzen Sie sich bequem hin. Atmen Sie ein paar Mal ruhig und tief ein und aus.

◆ Gehen Sie mit Ihrer Aufmerksamkeit in Ihren Herzraum. Spüren Sie diesen Raum und lassen Sie ihn immer weiter und weiter werden. Spüren Sie die Wärme und die Geborgenheit dieses Raumes und das zarte rosafarbene Licht, das dort leuchtet.

◆ Lassen Sie dieses rosa Licht stärker und größer werden, spüren Sie, wie es sich ausbreitet und nach und nach Ihren ganzen Körper durchströmt, wie es alle Körperzellen neu ausrichtet und Sie ganz von diesem liebevollen Schein und von einem tiefen Frieden erfüllt sind.

◆ Erleben Sie ganz und gar diesen tiefen inneren Frieden, die Liebe und die Geborgenheit. Es sind Qualitäten, die immer in Ihnen sind und die Sie jederzeit so ausweiten können, bis Sie ganz davon erfüllt und getragen sind.

◆ Laden Sie nun die Marienenergie aus der geistigen Welt zu sich in Ihren Herzraum ein. Bitten Sie diese unendlich sanfte und heilsame Energie, Sie aus Ihrem Herzen heraus ganz einzuhüllen und zu umfangen.

◆ Was geschieht jetzt mit Ihren Qualitäten von Frieden, Liebe und Geborgenheit? Wie ändern sich Ihre Gefühle, Ihre Empfindungen? Wie fühlt sich der innere Frieden jetzt an? Die Liebe? Die Geborgenheit?

◆ Spüren Sie die große Liebe der geistigen Welt? Spüren Sie, dass Sie ganz sicher wissen können, dass die geistige Welt Sie liebt? Auch Sie sind ein geistiges Wesen, das gerade eine Erfahrung in einem physischen Körper macht. Und so kennen Sie die geistige Welt und die heilsamen Energien dort und auch die Marienenergie sehr gut. Sie sind mit ihr verwandt. Sie hatten nur vergessen, wie nah Sie ihr sind. Und jetzt erinnern Sie sich wieder daran. Daran und an die Liebe der geistigen Wesen zu Ihnen.

◆ Mit dieser Erinnerung lassen Sie nun das rosafarbene Licht und die Marienenergie Ihren Herzraum und Ihr gesamtes Energiefeld reinigen und von allem Alten und von nicht mehr hilfreichen Informationen und Gedanken befreien. Lassen Sie das Licht hell erstrahlen, sodass sich alles darin auflöst, was Sie nicht mehr brauchen.

◆ Jetzt erstrahlen Sie in Ihrer eigenen Kraft. Spüren Sie, wie gut sich das anfühlt?

◆ Lassen Sie die Marienenergie nun mit dem rosa Licht in die Welt hinausfließen. Lassen Sie es von Ihrem Herzen aus nach außen fließen, bis es Ihr ganzes Zimmer erfüllt ... das ganze Haus ... die ganze Umgebung.

◆ Spüren Sie, wie das Licht dieses gesamte Feld erhellt und mit der universellen, bedingungslosen Liebe durchdringt. Sie wissen, dass sich alle Wesen darin, Menschen, Tiere, Pflanzen, das Wasser oder eine Wiese, von dieser Energie der Liebe, des Friedens und der Geborgenheit das nehmen können, was sie brauchen. Dass sich alles in diesem Feld von der Schwingung der Liebe ergreifen und mittragen lassen kann, wenn es das will.

◆ Vielleicht wollen Sie diese heilsame Energie von Frieden, Liebe und Geborgenheit noch weiter ausdehnen ... bis auf den Stadtteil oder das Dorf, in dem Sie leben ... auf die ganze Stadt oder den Landstrich ... bis über das Land ... den Kontinent ... die Erde und ihre Sphären. Sie lassen das rosa Licht und die Marienenergie strömen und fließen und dort wirken, wo ihre heilsame Kraft willkommen ist.

◆ Lassen Sie die heilsamen Schwingungen dort, wo sie gebraucht werden, und kommen mit Ihrer Aufmerksamkeit langsam wieder zu sich selbst zurück. Spüren Sie das Energiefeld der Liebe, des Friedens und der Geborgenheit noch einmal intensiv in sich selbst, in Ihrem gesamten Körper und schließlich nur noch in Ihrem Herzraum. Atmen Sie diese heilsame Energie noch einmal tief in sich ein.

◆ Bedanken Sie sich bei der Marienenergie und verabschieden Sie sich von ihr. Atmen Sie sich dann zurück in Ihren Körper und in Ihren Raum. Kommen Sie wieder ganz bei sich an. Beginnen Sie, sich zu bewegen, sich zu dehnen und zu strecken, und öffnen Sie, wenn Sie so weit sind, wieder die Augen.

Mutter Maria

Maria ist natürlich als Gottesmutter auch die ideale Ansprechpartnerin, wenn es um Empfängnis, Schwangerschaft, Geburt und die erste Zeit danach geht. Wie man auf vielen Votivtafeln lesen kann, hat sie schon oft den langjährigen Kinderwunsch von Frauen endlich erfüllt. In meiner Praxis durfte ich so ein Beispiel auch einmal erleben: Meine Patientin hatte bereits vieles versucht, nachdem sie und ihr Mann merkten, dass sie auf natürlichem Weg irgendwie nicht weiterkommen. Sie hatten Hormonbehandlungen hinter sich, Besuche bei einer Vielzahl von Spezialisten. Nichts hatte ihren Kinderwunsch erfüllen können. Eine Freundin empfahl ihr dann meine Praxis – und nun war sie da. Nach einem kurzen Gespräch sagte ich ihr, dass ich jetzt einfach mal die Energie einladen würde, die ihr am besten helfen könnte. Ich hatte das kaum ausgesprochen, als sich die Atmosphäre im Raum veränderte. Die Patientin wurde in eine wohlig warme Schwingung eingehüllt, die ich als golden, weiß, etwas bläulich wahrnahm. Sie konnte gar nichts mehr sagen, sondern schloss die Augen, aus denen über Minuten Tränen liefen. Ich spürte, dass die Marienenergie an ihr wirkte, und wartete ab.

Nachher erzählte mir die Frau, dass sie sich unendlich geborgen und gehalten gefühlt habe. Sie hatte tatsächlich kurz das Bild von Jesus in den Armen seiner Mutter vor Augen, nahm sich dann aber erstaunt selbst als Kind in liebevollen, mütterlich weichen Armen wahr. So wurde sie gewiegt und getröstet, fühlte sich beschützt und ganz und gar so angenommen, wie sie war. Das Verrückte war: Dieses Gefühl blieb, es blieb über Tage und Wochen immer so ein bisschen bei ihr. Sie rief mich ein paar Tage nach der Sitzung an, um mir zu erzählen, dass das Drängen ihres Kinderwunsches nicht mehr da sei. Sie habe ja ein glückliches Leben mit ihrem Mann, und sie werde es jetzt so leben, wie es sei und wie es komme. Sicher werde sie auch auf anderen Ebenen sinnvolle Aufgaben und Erfüllung erleben können. Sie klang unendlich erleichtert und schien ihren inneren Frieden gefunden zu haben. Doch damit war die Geschichte noch nicht zu Ende. Denn nachdem sie so sehr abgeben, sich dem Leben so ganz hingeben konnte – wurde sie zwei Monate später schwanger und ist heute glückliche Mutter einer Tochter mit dem Namen Maria.

Andere unterstützen

Wem es selbst gut geht, der will sein Glück an andere weitergeben. Wer im Leben gut zurechtkommt, der möchte, dass es andere ebenfalls tun. Und wer berührend schöne Erfahrungen mit der geistigen

Welt oder außergewöhnlichen Heilmethoden gemacht hat, möchte diese natürlicherweise auch anderen zuteilwerden lassen. Das aber ist gar nicht so einfach, und zwar nicht nur, weil unsere Gesellschaft solchen Energien gegenüber äußerst zurückhaltend ist. Es ist auch deshalb zumindest mit ehrlicher Umsicht und Selbstkritik zu betrachten, weil man leicht in die Versuchung gerät, anderen etwas überstülpen zu wollen oder besser wissen zu wollen, was für sie jetzt gut ist. Solche Anteile gibt es in uns Menschen einfach. Bei der Engelarbeit ist das allerdings nicht so schlimm, weil die Engel als eine Art Zwischeninstanz von höherer Weisheit wirken, die nichts tun werden, was nicht im Sinne der kosmischen Ordnung ist. Und so können wir sie um Unterstützung für andere bitten, darum, dass sie zum Wohle dieser anderen und des großen Ganzen beitragen mögen.

Anderen einen Engel »schicken«

Wenn jemand in Ihrem Umfeld leidet und Sie nicht ausreichend direkt helfen können, lässt das auch Sie leiden. Manchmal gibt man viele gute Ratschläge – umsonst, der andere klagt weiter. Und manchmal ist die Situation tatsächlich so schwierig, dass nur Mitgefühl bleibt. Jetzt hilft nur noch Beten, heißt es dann oft. Und es hilft tatsächlich, wie mittlerweile sogar wissenschaftliche Studien zeigen. Was ich Ihnen hier empfehle, ist allerdings eine etwas intensivierte oder sagen wir konkretere Art des Betens. Sie funktioniert auch mitten in einer schwierigen Situation und nur rasch vollzogen. Aber als meditative Übung hat sie den zusätzlichen Vorteil, dass Sie selbst genauer fühlen können, was geschieht und wie sich der Engelkontakt auf Sie selbst auswirkt.

◆ Nehmen Sie sich einen Moment Zeit und versuchen Sie, so tief wie möglich zu entspannen und die Gedanken zur Ruhe zu bringen. Fokussieren Sie sich beispielsweise ganz auf Ihren Atem, das Ein- und Ausströmen der Luft durch die Nase.

◆ Bitten Sie nun Ihren Schutzengel, sich Ihnen zu zeigen oder sich anders bemerkbar zu machen. Lassen Sie Ihre Sinne ganz fein und durchlässig werden und lauschen Sie, was Sie wahrnehmen können. Spüren Sie seine Präsenz?

◆ Schildern Sie ihm laut oder in Gedanken Ihre Sorgen um den anderen Menschen und bitten Sie ihn, den Schutzengel des Betreffenden anzustoßen. Er möge seinem Menschen jetzt in besonderem Maße beistehen und ihn auf eine Weise unterstützen, die ihm tatsächlich hilft. Er möge ihm einen Weg zeigen, den derjenige erkennen kann, ihm eine hilfreiche Begegnung ermöglichen oder ihm auf andere Weise eine Lösung zuflüstern oder ihm Trost und Zuversicht in seiner aktuellen Lage geben.

◆ Spüren Sie nach, inwieweit sich in Ihnen etwas verändert, nachdem Sie Ihre Bitte ausgesprochen und Ihre Sorge geteilt haben.

◆ Danken Sie Ihrem Schutzengel und beenden Sie den Kontakt.

Diese Übung mache ich manchmal auch in Engelseminaren. Dabei beobachte ich dann die Teilnehmer, weil ich ja bemerken muss, ob sie mit der Anregung klarkommen oder Hilfe brauchen. Und natürlich freut es mich sehr zu sehen, was sich an ihrer Ausstrahlung verändert. Einmal bemerkte ich, wie es einen Mann kurz durchzuckte und er sich dann langsam, fast unmerklich innerlich aufrichtete und regelrecht zu leuchten anfing. Wunderschön! Nachher erzählte er, dass er seinen Schutzengel gebeten habe, den Schutzengel seines Vaters anzuregen, sich doch etwas um dessen Gesundheit zu kümmern. Und er habe innerlich gesehen, wie ein Lichtstrahl von seinem Schutzengel zu einem anderen ging und dann zum Vater. Dieser sei eingehüllt in das Licht gewesen und habe angefangen, sich zu schütteln und am ganzen Körper zu zucken. Dann aber war es, als würde er einen alten schwarzen, zerrissenen Mantel aus überkommenen Glaubenssätzen und inneren Zwängen abwerfen und sich davon befreit aufrichten, hell und strahlend. Diese Befreiung war sogar auf den Sohn übergegangen, wie ich während des Übens der Teilnehmer gesehen hatte.

Was mit dem Vater geschah, weiß ich nicht. Es ist sehr oft so, dass wir nicht erfahren, welche Auswirkungen es hatte, dass wir jemandem »einen Engel schickten«. Aber es ist auch nicht so wichtig. Wenn wir unseren Teil getan haben, dürfen wir sicher sein, dass etwas passiert. Nicht nur speziell Erzengel Gabriel ist ja ein Türöffner. Die Engelenergien bewirken, dass etwas weit wird, dass neue Räume entstehen, Zugang zu bislang Unbekanntem frei wird. Dann kann jemand, der sich bisher verschlossen hatte, anderen seine Tür plötzlich wieder ein Stückchen öffnen – neue Begegnungen bringen das Leben wieder in Fluss. Oder es öffnet sich das Herz, und dort strömen und fließen wieder Liebe und Lebendigkeit.

Nicht nur wer öfter mit geistigen Energien arbeitet, sondern auch wer achtsam dem Leben in seinem Auf und Ab lauscht, kennt so ein wachsendes Vertrauen: Wir bekommen immer wieder neue Möglichkeiten gezeigt. Das Leben muss uns allerdings manchmal regelrecht anschubsen, damit wir den Blick vom Altbekannten abwenden und etwas Neues wagen. Solch ein Schubs kommt nicht selten durch einen anderen Menschen, eine neue Begegnung oder eine unerwartete Entwicklung in einer langjährigen Beziehung. Was genau alles dazu führte, dass sich etwas veränderte, wissen wir nie. Und so wird unser Gebet für einen anderen Menschen, unsere Bitte an den Schutzengel, ihn über seinen Schutzengel anzustupsen, auch einfach ein Puzzlestein im Gefüge von dessen Gesamtsituation sein. Denn vergessen wird vom Leben niemand, auch wenn es uns manchmal so scheint.

Auf eine ähnliche Weise wie beschrieben können Sie Menschen unterstützen, die im Krankenhaus auf eine Operation oder die Besserung ihrer Beschwerden warten. Wieder geht das von Schutzengel zu Schutzengel sehr gut. Bitten Sie darum, dass der Schutzengel des anderen ihm bestmöglich beistehen und auch das Ärzteteam unterstützen soll. Das tut der Schutzengel sowieso? Mag sein, und auf jeden Fall würde er es gern. Doch von alters her geht man davon aus, dass Engel nur dann eingreifen können, wenn sie von Seiten der Menschen darum gebeten werden. Wenn derjenige das selbst nicht tut oder nicht tun kann, kann es ein anderer übernehmen.

Ähnlich ist es auch bei Jugendlichen, denen die Eltern nicht mehr mit Ratschlägen und erst recht nicht mit Engeln kommen können, um die sie sich aber mehr oder weniger berechtigte Sorgen machen. Um sich selbst zu entlasten und sicher auch um eine positive Entwicklung mit anzustoßen, können Sie den Schutzengel des Kindes bitten, besonders gut auf seinen Schützling zu achten und ihm Hinweise zu geben, die er auch verstehen und umsetzen kann.

Bei gesundheitlichen Themen können Sie natürlich auch mit Erzengel Raphael als dem dafür am ehesten Zuständigen Kontakt aufnehmen und um Unterstützung für den betreffenden Angehörigen oder Freund bitten. Wieder sind Ihrem Einfallsreichtum keine Grenzen gesetzt. Bitten Sie, beten Sie, danken Sie – und lassen Sie los. Was genau geschehen wird, liegt nicht in Ihrer Hand und zum allergrößten Teil auch nicht in Ihrer Verantwortung.

Engelenergien für Tiere

Tiere sind etwas Wundervolles! Der Kontakt mit ihnen kann so heilsam für uns Menschen sein. Ich werde nie vergessen, wie ich einmal auf dem Sofa lag und unser Kater auf meinem Bauch schlummerte und dabei herrlich schnurrte. Spontan fragte ich die geistige Welt, was es eigentlich genau sei, was die Tiere uns geben. Statt einer direkten Antwort tauchte in meinem Geist eine Gegenfrage auf: »Was ist es denn, was du von den Tieren erhältst?« Schlagartig war mir klar, dass es bedingungslose Liebe ist, die sie uns geben und in der sie uns unterrichten. Sie geben, ohne etwas zu verlangen, aber genauso, ohne sich zu verbiegen. Sie geben, weil sie geben wollen.

Das macht es wahrscheinlich auch so heilsam. Sie sind sie selbst und dabei eng verbunden mit dem So-Sein des Lebens. Sie zeigen uns, wie wir uns von jedem Moment beschenken lassen können und mit einem offenen Herzen mit dem sein können, was uns das Leben gibt. Wie wir uns als Teil des Ganzen erleben können, eingebunden in das Irdische ebenso wie in die geistige Welt.

Wer das mit seinem Tier erlebt oder auch nur erahnt, will in bester Weise für es sorgen und auch so die Liebe zurückgeben. Da wir ganz unterschiedliche Sprachen sprechen, ist das aber oftmals nicht so leicht. Ein einfacher Tierarztbesuch oder ein anstehender Urlaub können für das Tier zu einer Katastrophe ausarten, weil wir ihm nicht so richtig klarmachen können, dass überhaupt nichts Schlimmes passiert. Man bräuchte einen Dolmetscher. Und wieder einmal sind es die Engel, die diese Aufgabe gern übernehmen. Sie können wir hinzubitten, wenn eine Veränderung ansteht, und sie bitten, es dem Tier so mitzuteilen, dass es das versteht und sich nicht sorgt. Ich habe beispielsweise einmal die Marienenergie gebeten, unserem Kater zu übermitteln, dass er während unserer Urlaubsreise in eine liebevoll geführte Katzenpension gehen soll. Dort würde er gut umsorgt, könne etwas Neues erleben, und nach zwei Wochen würden wir ihn wieder mit nach Hause nehmen. Ich gebe zu, dass ich es beim Tierarztbesuch kurz zuvor versäumt hatte, so zu kommunizieren, und daher wusste, dass es ein großes Theater geben würde, wenn wir auch nur den Transportkorb hervorholten. Doch nach dem Kontakt mit meinem Schutzengel marschierte der Kater an besagtem Morgen beinahe von allein in die Box. Er verabschiedete sich freundlich von uns und freute sich ebenso bei unserer Rückkehr. Es schien ihm bestens gefallen zu haben, denn er sah rundum zufrieden aus.

Andere bitten auch speziell einen »Katzenengel«, ihre geliebten Tiere bei Krankheiten oder nötig gewordenen Operationen zu begleiten und zu beschützen. Oder sie bitten diesen Engel, das Tier sicher nach Hause zu begleiten, wenn es sich schon viel länger als gewöhnlich draußen herumtreibt. Gerade wenn man in eine neue Gegend gezogen ist, sind die ersten Ausgänge der Katzen ja ein Abenteuer für beide Seiten. Als Mensch, der sich sorgt, hat man dann in der Engelwelt eine Adresse, an die man sich Hilfe suchend wenden kann. Ich weiß von einigen, die das ausprobierten – und fast immer kamen die Kätzchen daraufhin zumindest mal kurz vorbei, um zu zeigen, dass alles in bester Ordnung ist.

Selbst einen »Pferdeengel« hat eine Bekannte mal herbeigebeten, als sie miterleben musste, wie ein älteres Pferd auf dem Gestüt in ihrer Nachbarschaft immer schwächer wurde und die Besitzerin sich mit der schweren Entscheidung trug, es einschläfern zu lassen. Meine Bekannte wusste nicht, was das Richtige war, sie bat einfach nur darum, dass es zum Besten für das Pferd geschehe.

Wenn jemand einwenden will, dass das nur der Beruhigung des Menschen dient – mag sein. Doch selbst wenn dies das Einzige ist, was es bewirkt: Ein entspannter Mensch strahlt etwas völlig anderes aus als einer in Angst und Sorge. Und so erhält sein Umfeld und in diesen Fällen das Tier, mit dem er zu tun hat, schon bessere Schwingungen, die ihm deutlich guttun.

Mit Engeln in der Natur

Leben wir nicht in einer wundervollen Welt? Wenn ich aus dem Fenster schaue, sehe ich gerade jetzt im Frühling die herrlich klaren Berge unter einem blauen Himmel mit weißen Federwölkchen. Alle Wälder und Gärten sind wieder saftig grün, Blumen in allen denkbaren Farbschattierungen setzen Tupfer in die Wiesen und Beete. Nicht weit entfernt liegt der See mit seinem frischen, kühlen Wasser in einem unermesslichen Blau. Die Vögel sind zurückgekehrt und beleben den gesamten Himmel mit ihrem Gesang.

Natürlich nehme auch ich das nicht immer so deutlich und bewusst wahr. Aber ich habe gelernt, dass es sich lohnt, die Augen immer wieder dafür zu öffnen, in welch gesegneter Natur wir leben dürfen. Oft ist das leichter, wenn man es jemandem zeigen kann. Wenn Besuch aus einem anderen Landstrich kommt, bemerkt man mit ihm gemeinsam, wie schön unsere Natur ist.

Ein solcher Besuch kann natürlich auch von sehr viel weiter her kommen als bloß aus einer anderen Landschaft. Sie könnten jemanden aus einer völlig anderen Welt einladen. Umso mehr werden Sie gemeinsam dann entdecken können, da für ihn ja alles in Ihrer Welt neu und fremdartig, staunenswert und besonders ist. Sicher wissen Sie schon, worauf ich hinauswill: Laden Sie doch einmal einen Engel ein, um ihm die Schönheiten Ihres Lebens und der Natur Ihres Lebensraumes zu zeigen.

- Machen Sie einen Spaziergang oder eine Wanderung, bei der Sie sich von Ihrem Schutzengel oder einem anderen Engel begleiten lassen. Zeigen Sie ihm, was Ihnen besonders gefällt, und lassen Sie sich von ihm zeigen, was ihm auffällt.
- Unternehmen Sie in Begleitung des Engels eine Radtour bewusst zu Plätzen, die Sie in- und auswendig kennen. Lassen Sie sich von ihm sagen, was er dort wahrnimmt und was für ihn dort bedeutsam ist. Vielleicht begegnen Ihnen Kulturdenkmäler und andere besondere Bauten – dann lassen Sie ihn erklären, was er darin sieht. Sie werden staunen.
- Oder gehen Sie mit Ihrem Engel in den Garten oder einen Park, schnuppern Sie mit ihm gemeinsam an einem blühenden Fliederbusch oder bewundern Sie mit ihm das bunte Herbstlaub oder das Glitzern des frischen Schnees. Ihr sinnliches Erleben wird sich bestimmt deutlich vertiefen.
- Bitten Sie den Engel, Sie auch an fremden Orten oder im Urlaub zu begleiten. Vielleicht nehmen Sie so die fremden Landschaften in ihrer Besonderheit noch viel intensiver wahr.

Was aus alldem entsteht, ist wieder einmal Dankbarkeit. Wenn Sie würdigen, was in Ihrem Leben alles an Schönem da ist, werden Sie es als umso reicher ansehen. Sie werden sich als eingewoben in das Netz des Lebens empfinden und als Teil eines unendlich großen Beziehungsgeflechts erleben können.

Kinder lieben Engel,
Engel lieben Kinder

»Neben dem Papa steht ein leuchtender Engel, der ist noch größer als der Papa selber«, sagte einmal eine Vierjährige in meiner Praxis. Der Vater reagierte ganz entspannt: »Ja, sie sieht wohl mehr als wir, aber das ist ja eigentlich schön, oder?« Ja, und wie!

Kinder haben eine ganz besondere Beziehung zur geistigen Welt. Sie tragen einen Schatz in sich, den wir Erwachsenen leider kaum bemerken und selten würdigen. So sagte dasselbe Mädchen eines Tages zu ihrer Mutter: »Du bist die beste Mama, die ich bisher überhaupt hatte.« Was soll man da anderes tun, als beeindruckt zu staunen?

Die besten Freunde

In den ersten Lebensjahren ist es für einen Menschen ganz natürlich, Engel zu sehen, mit ihnen zu sprechen, sich von ihnen trösten zu lassen, bei ihnen Schutz zu suchen und mit ihnen zu spielen. Kinder erleben eine Menge mit ihren himmlischen Freunden, die sie mal als ganz klein, mal als riesengroß wahrnehmen, die ihnen aber immer mit einer warmen und freundlichen Energie begegnen. Diese Feinsinnigkeit verliert sich allerdings meist rasch, wenn die Eltern auf Erzählungen des Kindes von ihren Engeln ablehnend reagieren, oder dann in der Schule, wenn »solche Sachen« einfach keinen Platz mehr haben. Als Erwachsene erinnern sich viele dann in Krisenmomenten wieder an die Engelwelt und suchen erneut den Kontakt.

Wäre es nicht schön, wenn diese Verbindung gar nicht erst verloren ginge? Mit diesen Zeilen hier möchte ich gern eine Brücke bauen helfen, über die sich der natürliche Umgang mit Engeln von der Kindheit bis ins Erwachsenenalter erhalten kann. Schließlich gäbe das unseren Kindern eine zuverlässige Kraftquelle mit ins Leben, weit über die Zeit von lästigen größeren Nachbarkindern, ungeliebten Lehrern und schrecklichen Mathetests hinaus. Sicherlich kommt mit dem Jugendalter ganz naturgemäß eine Zeit, in der andere Dinge zählen. Doch wenn der Kontakt zur geistigen Welt in den ersten Jahren gefestigt werden konnte, ist das ein Geschenk für alle weiteren Lebensphasen.

Die kindlichen Gaben fördern

Wie ich es erlebe, beten sehr viele Eltern in den ersten Jahren mit ihren Kindern vor dem Schlafengehen. Sie danken gemeinsam für den Tag und bitten um eine gute Nacht und schöne Träume. Viele beziehen dabei auch den Schutzengel des Kindes mit ein. Das finde ich wundervoll, denn so wird das Kind in seiner Beziehung zu diesem Gefährten unterstützt.

Es bieten sich viele weitere Möglichkeiten an, Kinder in ihrer Gabe, mit Engeln zu kommunizieren, zu fördern. Doch zunächst einmal: Haben Sie keine Angst, dass aus einem »Träumer« vielleicht nichts wird. Die Zeiten, in denen wir glaubten, dass es einzig und allein auf die Verstandeskräfte ankommt, sind vorbei. Heute wissen wir, dass die Menschen die besten Chancen auf ein erfülltes Leben haben, die ihre Talente und Neigungen ganzheitlich ausbauen. Sicher sollte man nicht einfach mit jedem über Engel und dergleichen reden. Viele Menschen sind nicht offen für Dinge, die der Verstand einfach nicht begreifen kann. Die Unterstützung, die Ihr Kind und vielleicht auch Sie selbst durch die Engelenergien erhalten, dürfte aber überzeugender sein.

Wenn Sie Ihrem Kind diese Ebene ein wenig erhalten helfen wollen, empfehle ich Folgendes (Ihr eigener Kontakt zu Engeln sowie Ihre Wahrnehmungsfähigkeit werden sich dadurch sicher auch verstärken):

- Schenken Sie Ihrem Kind Aufmerksamkeit, wenn es von seinen Engeln redet. Hören Sie zu, fragen Sie nach, zeigen Sie Interesse.
- Lassen Sie das Kind ausführlich erzählen, wenn es das möchte.
- Wenn es mit einer Sorge zu Ihnen kommt, die Sie ihm selbst nicht so einfach nehmen können, fragen Sie auch mal: Hast du schon deinen Engel um Rat gefragt?
- Beziehen Sie einen Engel, von dem Ihr Kind erzählt, oder seinen Schutzengel in Abend- oder Schutzgebete mit ein.
- Ein weiteres Abendritual könnte sein, dass Sie das Kind vorm Schlafengehen anregen, die Augen zu schließen und sich vorzustellen, wie sich sein Engel ganz dicht neben es legt, sodass es beschützt von seinem besten Freund wunderbar schlafen kann.

Unsere Arbeitswelt – und die Engel

Mir macht meine Arbeit viel Freude. Ich möchte überhaupt nicht ohne sie sein. Und es gibt viele, viele Menschen, denen es ähnlich geht. Beruf ist für sie weitgehend Berufung – das, wofür sie hier sind, das, wo sie all ihre Fähigkeiten hineingeben können, das, wo sie sich weiterentwickeln, wo sie Sinn, Dankbarkeit und Erfüllung ernten. Passt dieses Bild aber allgemein in die beruflichen Landschaften unserer Zeit? Leider nicht so ganz.

Die meisten Menschen heute erleben im Job eine kaum zu stoppende Eile, unentrinnbare Zwänge, quälende Fremdbestimmung und eine ständige Reizüberflutung. Viele fragen sich schmerzhaft: »Wo stehe ich dabei? Wo in alldem ist eigentlich ein Platz für mich? Komme ich als Wesen überhaupt noch vor? Mit meinen Gefühlen und Bedürfnissen, habe ich da überhaupt noch irgendwo Raum? Und außerdem: Soll dieses ewige Rasen der Sinn meines Lebens sein?«

Die allgegenwärtige Überforderung mit der bloßen Zahl an Aufgaben und Terminen treibt diese Frage nach dem Sinn auf den Plan. Und viele finden darauf keine Antwort mehr: Wenn dieses ständige Tun und Rasen der Sinn des Ganzen ist, was bleibt da anderes als Enttäuschung? Nicht umsonst wurde in unserer Gesellschaft in den letzten Jahren viel über Burn-out diskutiert. Zahlreiche mögliche Auswege kamen dabei zur Sprache. Der Ansatz, den ich Ihnen in diesem Engelbuch vorstelle, ist naturgemäß etwas anders.

Berufliche Herausforderungen meistern

Natürlich ist es hilfreich, Handys und dergleichen einfach mal ausgeschaltet zu lassen, zum Beispiel immer ab 20 Uhr und sonntags. Solche Empfehlungen gebe ich durchaus. Allein das umzusetzen kann eine Menge ändern. Und den meisten dürfte es möglich sein, wenn sie sich mit ein wenig Mut von den inneren Zwängen frei machen, die dem entgegenstehen. Um wirklich einen neuen Blickwinkel auf die Situation zu erhalten und ganz neue kreative Ideen zu einer Veränderung zu bekommen, muss man sich aus dem Üblichen erheben und am besten auch die Ebene des Denkens verlassen. Denn dort hat man wahrscheinlich ohnehin längst alles versucht. Es kann tatsächlich die Werteskala neu justieren, wenn man einmal einen tief spürbaren Engelkontakt erlebt. Wenn man Herz und Sinne so sehr weitet, dass Raum entsteht für ganz neue Impulse, die man niemals hätte selbst erfinden können.

Ich habe mich entschieden, Erzengel Michael in dieses Kapitel zu den beruflichen Themen einzubeziehen. Er steht ja seit alters vor allem für Schutz und ist dabei eine ungeheuer kraftvolle Macht. Das kann man in allen möglichen Lebenssituationen brauchen. Doch gerade das Berufliche scheint sich mir bei vielen Menschen in den letzten Jahren auf eine Weise entwickelt zu haben, in der sie tatsächlich vor allem Schutz brauchen. Schutz davor, immer weiter über ihre Grenzen zu gehen. Schutz davor, Körper und Psyche ausbrennen zu lassen. Schutz auch davor, sich in unguten Arbeitssituationen nicht zu wehren, aus Angst um den Job oder eine Beförderung.

Erzengel Michael

Ich bin die Macht. Ich verleihe dir Schutz und Stärke. Ich schütze dich vor Angriffen und Gefahren von außen, und ich schütze dich vor deinen Ängsten, die dich lähmen und einengen. Unter meinem blauen Mantel kannst du diese Grenzen sprengen. Geborgen bist du dann, du erlebst deine Welt im Einklang von Innen und Außen. Du erlebst nicht nur meine, sondern deine Kraft. Deine ureigene Kraft. Spüre sie, lerne sie kennen und nutzen. Werde du selbst in deiner Macht.

Begleite ich dich auf deinem Lebensweg, geht es darum, dass du deine eigenen Kräfte mobilisierst. Bis dahin leihe ich dir meine und gebe dir meinen Trost.

Im Schutzraum geborgen

Zu seinem Wirken ein Beispiel, in dem sich Berufliches und Persönliches mischen: Eine Frau fühlte sich von einem Mann massiv bedroht und verfolgt. Sie waren etwa drei Jahre lang Kollegen gewesen, bis sie aufgrund langjähriger Erfahrung und sehr guter Arbeit befördert und zu seiner Chefin geworden war. Er machte ihr daraufhin wochenlang das Leben schwer, sabotierte ihre Neustrukturierung der Abteilung und erzählte überall herum, dass sie den Posten, der ihm zustehe, nur bekommen habe, weil sie, sagen wir es hier so: dem nächsthöheren Chef gegenüber ihre Weiblichkeit eingesetzt habe. Die Frau stellte ihn zur Rede, und als alles Reden nicht half, trug sie den Fall ihrem Vorgesetzten vor. Noch bevor es zu Aussprachen kommen konnte, kündigte der Mann.

Damit war die Geschichte jedoch nicht zu Ende. Er wartete fortan immer wieder vor ihrer Arbeitsstelle oder in ihrer Straße auf sie, und auch immer, wenn sie sich in der Kleinstadt scheinbar zufällig begegneten, lief er ihr nach oder starrte sie aus der Ferne mit einem Blick an, der ihr Angst machte. »Ich werde dich niemals in Ruhe lassen, du hast mein Leben zerstört«, hatte er einmal drohend gesagt. Sie fühlte sich ziemlich hilflos und hatte Angst vor dem, was ihm noch alles einfallen könnte.

Eines Tages las sie, wie sie mir später erzählte, zufällig die Ausschreibung für ein Engelseminar. Sie war gerade auf dem Weg zum Einkaufen und sah den Mann auf dem Markt von Weitem auf sich zusteuern. Noch hatte er sie wohl nicht entdeckt, aber wenn er … Da kam ihr die Idee, Erzengel Michael um Hilfe zu bitten, von dem sie seit ihrer Kindheit wusste, dass er Menschen in Not beschützt. Sie bat ihn spontan, sie auf die beste Weise vor diesem Mann zu retten und ihr zu zeigen, wie sie ihn loswerden könne. Sie schloss kurz die Augen, nahm aber nichts weiter wahr und war zunächst fast enttäuscht.

Nun schien auch noch der Mann verschwunden zu sein, und sie fürchtete, dass er jeden Moment um eine Ecke biegen und vor ihr stehen könnte. Sie stand etwas unschlüssig herum – und fühlte sich plötzlich wie in einen inneren Raum hineingezogen. Es war, als wäre ein Schutzraum um sie herum entstanden, in dem sie seltsam abgeschlossen von der Außenwelt war und sich sicher fühlte. Nach ein paar Momenten löste sich dieser Raum wieder auf. Sie schaute sich um und sah, wie der Mann kaum fünf Meter entfernt von ihr davonging und den Marktplatz verließ. Er hatte sie nicht bemerkt, obwohl er recht dicht an ihr vorbeigegangen sein musste. Michael schien tatsächlich seinen Mantel um sie gelegt zu haben.

Ein ähnliches Erleben wiederholte sich noch zweimal, bis ihre Angst vor Begegnungen mit diesem Menschen völlig aufgelöst war. Sie wusste jetzt, dass sie absolut sicher war, und er gab es bald auf, ihr nachzustellen. Sie erinnerte sich daran, dass sie das Gefühl dieses Schutzraumes bereits aus ihrer Kindheit kannte. Wenn ihre Oma ihr von Erzengel Michael erzählte, hatte sie die gleiche sichere Geborgenheit bereits gespürt.

Engelenergien ins Berufliche fließen lassen

Wie in allen anderen Belangen auch sollten Sie nicht zögern, sich bei Problemen in der Arbeit von den Engeln unterstützen zu lassen. Mir fällt auf, dass viele meinen, dass »solche Dinge« im Beruflichen nichts zu suchen hätten. Aber wieso nicht? Der Beruf gehört genauso zu Ihrem Leben wie alles andere auch. Und wie es Ihnen beruflich geht, das beeinflusst, was Sie dort zu leisten imstande sind, mit welcher Energie Sie arbeiten, wie Sie sich fühlen, inwieweit Sie gesund bleiben, wie Sie zu Ihrer Familie sind und so weiter. Die Jobs heutzutage sind sehr herausfordernd, ebenso wie das Gefühl, man könne die Arbeit verlieren oder darin stark eingeschränkt werden. Sie sollten sich in diesem Feld also alle Hilfe holen, die überhaupt nur denkbar ist. Sie müssen Ihrem Chef ja nichts davon sagen, dass Sie die nächsten Karriereschritte gemeinsam mit Erzengel Michael ausgearbeitet haben.

Hier eine einfache Übung, die für alle möglichen – und dabei nicht nur beruflichen – Themen genutzt werden kann:

- ◆ Nehmen Sie sich etwas Zeit und setzen Sie sich bequem hin. Atmen Sie tief durch und schließen Sie die Augen.

- Denken Sie kurz an Ihr berufliches Problem, die vor Ihnen liegende Herausforderung oder die Angst oder Sorge, die Sie befallen hat. Spüren Sie zunächst einfach nur, was Sie dazu empfinden. Sie brauchen es nicht zu beeinflussen, es ist jetzt eben so.
- Lassen Sie diese Gefühle wieder in den Hintergrund treten und rufen Sie Erzengel Michael (oder einen anderen Engel Ihrer Wahl) zu sich. Bitten Sie ihn, bei Ihnen zu erscheinen und sich auf eine Weise zu zeigen, die für Sie jetzt gut handhabbar und hilfreich ist. Warten Sie ab, was sich verändert. Was spüren Sie? Eine veränderte Temperaturwahrnehmung? Vielleicht einen Luftzug? Oder eine klare Präsenz, die plötzlich den Raum erfüllt? Oder ein leises, neuartiges Gefühl in Ihnen?
- Begrüßen Sie den Engel, selbst wenn Sie ihn nicht wirklich wahrnehmen. Bitten Sie ihn, seine Energie spüren und in sich aufnehmen zu dürfen. Baden Sie regelrecht in seiner Gegenwart.

- Fragen Sie sich nun: Wie würde sich meine berufliche Situation verändern, wenn ich diese Energie dort hineinströmen lasse? Lassen Sie zu, dass sich die Energie des Engels und Ihre berufliche Problematik begegnen. Lassen Sie beides in sich zusammenfließen. Lassen Sie sich Zeit dabei, spüren Sie nach, was passiert. Vielleicht erscheinen auch Bilder vor Ihrem inneren Auge. Was für ein Gefühl können Sie jetzt wahrnehmen?
- Vielleicht stellen sich auch klare Botschaften oder hilfreiche Gedanken in Ihrem Kopf ein. Sie können den Engel aber auch direkt um eine Botschaft bitten oder fragen, wie Sie sich jetzt am besten verhalten oder was Sie tun sollten. Warten Sie auf die Antwort, auf welche Weise sie auch erscheinen mag. Wenn Sie nicht gleich etwas bemerken, kann es gut sein, dass Sie dennoch unterschwellig eine Antwort bekommen haben, aber erst später fest-

stellen, dass sich beispielsweise Ihr Verhalten in der Firma geändert hat.

- Wenn Sie noch nicht recht klar sehen, können Sie den Engel auch bitten, Ihnen genau die Qualität zu nennen, die Sie entwickeln und im Beruf an den Tag legen sollten. Und sicherlich kann er diese Schwingung bereits jetzt einmal in Sie einfließen lassen, damit Sie ein Gespür dafür bekommen und sich erinnern, dass diese Qualität auch in Ihnen vorhanden ist. Sie muss nur erweckt werden.
- Wenn es für diesmal genug ist, können Sie den Kontakt allmählich beenden. Tauchen Sie zuvor aber noch mal richtig tief in die wohltuende Energie Ihres Engels ein. Tanken Sie damit auf, bevor Sie sich bedanken und verabschieden.

Manche unserer Probleme sind tatsächlich sehr kompliziert, und wenn man jemandem davon erzählt, merkt man, dass man unendlich weit ausholen muss, um die Situation in ihrer ganzen Tragweite plausibel machen zu können. Und dann denkt man natürlich auch schnell: Das passt nicht zur Engelwelt. Oder: Wie sollen Engel in diesem Verwirrspiel eine Lösung wissen?!

Auf welche Weise auch immer Sie mit Engeln arbeiten, die Hilfe kann auf die unterschiedlichste Art kommen und ist meist nicht ausdenkbar. Vertrauen Sie darauf, dass es stets eine Lösung gibt – und je »verrückter« die Methoden sind, mit denen Sie nach der Lösung suchen, umso brillanter ist sie dann oftmals. Ihr Verstand muss die Lösung nicht immer wissen. Aber er sollte wissen, wo Sie nach der Lösung fragen können, und zulassen, dass Sie es tun.

Eine Patientin beispielsweise kam vor etwa einem Jahr zu mir und klagte, dass sie nicht weiterkomme. Sie bewirtschaftete mit ihrer Familie einen kleinen Bauernhof. Schon vor einigen Jahren hatte sie zusätzlich die Tierheilpraktiker-Ausbildung absolviert, weil sie unbedingt in dieser Richtung arbeiten wollte. Sie konnte auf erstaunliche Weise mit Tieren kommunizieren, sie verstehen und ihnen sehr gut helfen. Das zu einem neuen Berufsfeld zu machen war einerseits ihr größter Wunsch, aber sie traute sich einfach nicht: Die Frage der Praxis, die ja wegen der Haustiere sicher eher in der Stadt sein müsste, und die finanziellen Fragen und die Sicherheit und die Familie ... Ihre Sorgen ließen sie nicht vorankommen.

Wir stellten einen Engelkontakt her, mit dem sie sich sehr wohlfühlte, sodass sie kurz darauf zu Hause meditierte und die Engelwelt um eine klare Botschaft bat. Diese kam: Du bist dort richtig, wo du bist. Zunächst war sie enttäuscht, weil sie dachte, das hieße, sie solle ihre Träume begraben und das machen, was sie eben tat. Aber wenige Tage später kam ein Bauer mit seinem Pferd zu ihr und bat sie, es ein paar Tage bei sich zu behalten, vielleicht könne sie ihm helfen. Es habe so starke Schmerzen, keiner könne was machen, es müsse sonst eingeschläfert werden. Sie kümmerte sich um das Tier, konnte tatsächlich helfen – und kaum ging es ihm besser, stand eine junge Frau mit einem Hund vor der Tür, der seit Tagen nichts mehr fressen wollte. Sie konnte im Kontakt mit ihm feststellen, dass er trauerte, weil sein Frauchen, die Mutter dieser jungen Frau, an einer schmerzhaften Krankheit litt. Auch ihm konnte sie mit viel Verständnis helfen und klarmachen, dass er sein Frauchen auf andere Weise besser unterstützen könne ... An dem Tag, an dem dieser Hund wieder fraß, verstand sie die Botschaft der Engel: Sie war bereits an dem Platz, an dem sie ihre Gabe und ihre Wünsche leben konnte. Sie musste nicht alles verändern, sondern nur an sich glauben.

Als sie kürzlich wieder bei mir in der Praxis war, erzählte sie, dass sie seither an ihren Weg geglaubt habe und es erstaunlich leicht

108

gewesen sei, ein neues berufliches Standbein als Tierheilpraktikerin aufzubauen. Sie brauchte keinen Umzug, keine stadtnahe Praxis und keine Werbung. Die Menschen kamen aus der ganzen Region zu ihr, weil sich schnell herumgesprochen hatte, dass da jemand mit Leib und Seele helfen kann.

Entspannen und auftanken

Die Frage nach der großen Berufung ist es oftmals gar nicht, was die Leute quält. Viele Menschen sind mit ihrer beruflichen Situation an sich recht zufrieden, wenn nur der Stress nicht wäre. Dutzende Meetings, die sie von dem abhalten, was sie eigentlich erledigen müssten. Hunderte E-Mails, die zur Kenntnis genommen, auf die reagiert werden muss. Von allem immer zu viel. Und die To-do-Listen werden von einem Tag auf den nächsten, von einer Woche in die nächste übertragen. Spätestens wenn sich dann der Körper meldet, weil er nicht mehr so weitermachen will – durch einen Tinnitus, Schlafstörungen oder Kopfschmerzen –, bekommt man es mit der Angst zu tun, und es melden sich Zweifel an, ob man das Ruder noch herumreißen und das Schiff in angenehmere Gewässer steuern kann. »Eigentlich« macht der Job doch Freude!

Es gibt wunderbare Anregungen und Weisheiten, in solchen Lebensphasen oder stressigen Momenten wieder »runterzukommen«. »Wenn du es eilig hast, geh langsam.« Dass das stimmt, glaubt man erst, wenn man es einmal erlebt hat. Im Fall der Fälle ärgert einen so ein Spruch nur. Doch sicher wissen Sie selbst: Es geht kein bisschen schneller, nur weil man Druck macht. Es ist bei der Arbeit letztlich wie im Straßenverkehr: Schleicher, also vermeintliche Hindernisse, hat man immer nur dann vor sich, wenn man es eilig hat. Als wären sie der Fingerzeig, man solle sich entspannen, nicht so hetzen und darauf vertrauen, dass man schon zur richtigen Zeit am richtigen Ort sein wird. In der Akut-Situation hilft dieses Wissen wenig – außer man hat den Mut, es umzusetzen und eine neue Erfahrung zu machen. Sich dabei von der Engelwelt helfen zu lassen macht es gleich viel einfacher. Man holt sich Verbündete und kommt schneller ins Spüren einer echten Veränderung. Wenn Sie es ausprobieren wollen:

* Nehmen Sie sich gerade an besonders stressigen Tagen einen kleinen Moment Auszeit. Nutzen Sie durchaus auch mal Ihre Pausen dafür, statt mit Kollegen zum Essen oder auf einen Kaffee zu gehen – und sich dort der Gefahr auszusetzen, ins Schimpfen oder Klagen zu kommen.

* Suchen Sie sich eine halbwegs ruhige Ecke, und sei es zur Not das stille Örtchen, setzen Sie sich bequem hin und atmen Sie ein paar Mal tief durch.
* Rufen Sie dann Erzengel Michael herbei und bitten Sie ihn, sich hinter Sie zu stellen und Ihnen die Hände auf die Schultern zu legen. Bitten Sie darum, er möge Entspannung, innere Weite, neue Freude, Kraft oder Inspiration in Sie einfließen lassen.
* Sitzen Sie so ein paar Momente, spüren und lauschen Sie, atmen Sie in Ruhe weiter. Ob Sie etwas wahrnehmen oder nicht – gehen Sie einfach davon aus, dass etwas Heilsames, Hilfreiches geschieht.
* Wenn Ihre Zeit um ist, Sie merken, dass Sie unruhig werden oder »es sich erfüllt hat«, danken Sie Ihrem Engel und verabschieden sich. Vielleicht haben Sie bereits jetzt ein anderes Empfinden, wenn Sie nun zurück zur Arbeit gehen. Oder Sie lassen sich überraschen, was in der nächsten Zeit vielleicht anders sein wird als sonst.

So eine kleine Engelzeit können und sollten Sie sich immer wieder nehmen. Sie werden mit der Zeit merken, wie sich Ihr Arbeitsalltag verändert und Sie auch immer feiner wahrnehmen, dass der Engel da ist und an Ihnen wirkt. Wie Sie solche Zeiten gestalten, liegt ganz an Ihnen. Sie können die fantasievollsten, aber auch simpelsten Rituale dafür entwickeln. Was für Sie funktioniert, stimmt.

Feierabend

Wenn Sie abends fertig vom Tag, mit einem Kopf voller rasender Gedanken oder einem Herzen voller Zweifel am Sinn Ihres Tuns nach Hause kommen, sollten Sie sich zunächst für ein paar Momente um sich selbst kümmern. Es gibt viele Möglichkeiten, innerlich weg von der Arbeit und zurück »zu sich« zu kommen. Manche bevorzugen etwas Aktives wie Sport, für andere funktioniert ein stilles Zur-Ruhe-Kommen besser. Danach können Sie den Abend wirklich genießen und nebenbei auch auftanken und später schlafen. Sich gleich in familiäre Hektik oder gar Streit zu begeben ist manchmal unvermeidbar, aber nicht günstig. Auch sofort vorm Fernseher nach Ablenkung zu suchen, kann ich nicht empfehlen. Sie würden dem Tag mit seinen vielen Reizen dann nur eine weitere Flut von Eindrücken hinzufügen, die Sie, meist unterschwellig, verarbeiten müssen.

Besser ist eine kleine Runterkomm-und-Auftank-Übung – wobei Sie wieder kreativ werden und auch die Engel befragen können, was Ihnen guttun könnte. Oft reichen ja wenige Momente, um das eigene Energiefeld zu reinigen und neu zu stärken. Besonders schön kann so eine Übung mit einem Partner sein:

- Setzen Sie sich auf einen Stuhl, Ihr Partner stellt sich hinter Sie und legt Ihnen die Hände auf die Schultern.
- Nun bittet er Erzengel Michael, seine Energie durch ihn hindurch- und in Sie hineinfließen zu lassen. Er kann auch konkret um Entspannung, Gelassenheit oder neue Kraft bitten oder einfach um die Qualität, die Sie jetzt am meisten brauchen.
- Genießen Sie die warmen Hände auf Ihren Schultern. Die nehmen Sie auf jeden Fall wahr, und sie scheinen Ihnen bereits zu sagen, dass Sie jetzt alle Last abgeben und entspannen können. Zugleich wissen Sie, dass die Engelenergie in Sie einfließt und Sie erfrischt und stärkt.
- Tauschen Sie sich am Ende der Übung darüber aus, was Sie beide empfunden haben. Das stärkt das Vertrauen in die eigene Wahrnehmung noch weiter.

Eine solche Übung kann den gemeinsamen Feierabend einläuten. Sie können sie einander Tag für Tag abwechselnd schenken. Und wie Sie erleben werden, hat auch der Gebende viel davon, auch er spürt die energetische Verwandlung durch die Energie des Engels.

Wenn es nicht nur um Stress geht, sondern allgemein darum, eine unbefriedigend gewordene berufliche Situation zu verändern, bietet es sich an, mit Erzengel Sandalphon in Kontakt zu gehen – das ist über die gleichen Übungen möglich. Seine Energie wirkt für etwas, was im ersten Moment für viele unschön klingt: Eigenverantwortung. Aber keine Sorge: Im tiefen Wissen, dass es ohne nun mal nicht geht, unterstützt er Sie umso mehr, wenn Sie die Bereitschaft zeigen, für Ihr eigenes Tun und Ihren Lebensweg Verantwortung zu übernehmen.

Wie man in den Wald hineinruft ...

... so schallt es heraus. Diese Weisheit habe ich gelernt, als grundlegende Maxime im Leben zu nutzen. Und ich habe auch bei anderen beobachtet, dass sich wundervolle neue Räume und Chancen eröffnen, sobald diese Grundhaltung Einzug hält. Die Dinge wenden sich zum Besseren, wenn da jemand sagt: Ja, das geht mich an, es ist mein Weg, ich stehe, gehe und ringe dafür.

Erzengel Sandalphon

Du schaffst dir dein Leben selbst. Mit dieser Botschaft erinnere ich dich an deine ursprüngliche, deine ureigene Kraft. Werde zum Meister deiner selbst. Schau hin: Was ist in dir? Was bremst dort? Und was will ans Licht, um sich voll und ganz zu entfalten?

Alles ist Energie. Alles schwingt, aber in unterschiedlicher Weise. Worte, Gedanken, Gefühle, alles schwingt in eigener Art und gestaltet das Leben. Deine Reden und Taten sind ausgesandte Energie. Sie kehrt in der entsprechenden Weise zu dir zurück. Also wähle. Es kann sich nur manifestieren, was zuvor in dir ist.

Ich unterstütze dich auf deinem Weg der Selbsterkenntnis und der Selbstachtung, der immer ein Weg der Selbstverantwortung ist. Gehst du ihn aus deiner inneren Kraft heraus, wird er dich nicht nur ans Ziel bringen, sondern Schritt für Schritt erfreuen und erfüllen. Bist du bereit?

Es ist eine uralte Weisheit: Wer sich selbst meistert, wird sein Leben meistern. Zuerst muss man immer auf sich schauen und »vor der eigenen Tür kehren«. Nur so hat man die Möglichkeit, die Umstände im eigenen Leben nach und nach wirklich zu verändern. Mit ein wenig Bewusstheit ins eigene Innenleben zu tauchen fördert ja nicht nur alte Muster und Schwächen zutage, sondern Qualitäten und Kräfte, denen man bislang nicht erlaubte, sich zu entfalten. Die Schwächen nicht zu verdammen und die Stärken zu entwickeln, das führt zu wahrer Kraft und zu Selbstachtung. Jeder Mensch ist etwas Besonderes und hat ein ganz einzigartiges Gemisch von Talenten in sich. Dies zu bergen und in die Welt zu bringen, das könnte man als Berufung bezeichnen. Es muss nicht heißen, dass Sie Ihren erlernten Beruf an den Nagel hängen und etwas ganz Neues machen müssen – obwohl einige Menschen dies tun und genau dies für sie richtig ist. Es kann ebenso gut heißen, die eigenen Qualitäten immer dort einzubringen, wo man gerade ist. Und sei es in einem bisher als fad empfundenen Job. Mit etwas kreativem Willen ist vieles möglich.

Anfangen sollte man immer, indem man sich fragt: Was braucht es jetzt? Was täte mir jetzt gut? Was wäre jetzt das Beste für meinen weiteren Weg? Horchen Sie tief nach innen, um die Antworten nicht nur mit dem Kopf zu bilden. Und lassen Sie sich von einem Engel wie Sandalphon dabei unterstützen.

Dazu möchte ich Ihnen noch eine Beispielgeschichte erzählen. Sandalphon erschien einmal bei einer Behandlung in meiner Praxis. Ich hatte eine Frau da, die gerade mit allem etwas überfordert und genervt war. Die Mutter im Haus zankte, die Katze war unsauber, die Mitarbeiterinnen in ihrer kleinen Firma – alles nervte und quälte. Sie sprach sogar davon, am liebsten alles hinzuschmeißen. Nun saß sie mit geschlossenen Augen in einem Sessel, ich hatte meine Hand auf ihre Stirn gelegt, und Sandalphon wirkte an ihr. Wir hatten ihn gebeten, ihr das an Energie und Information zu geben, was sie jetzt am meisten brauchen und auch nutzen konnte. Ich sah, wie ihr Gesicht nach wenigen Minuten eine lebhaftere Farbe annahm, und wusste, dass sich etwas verändert hatte. Beinahe im gleichen Moment war die Engelenergie verschwunden.

Die Frau war wie verwandelt. Sie versprühte einen fast greifbaren Lebenswillen, sagte, es sei doch vielleicht alles gar nicht so schlimm, sie freue sich jetzt auf zu Hause. »Wäre doch gelacht, wenn ich das nicht alles wieder hinkrieg! Es ist ja eigentlich sehr schön, was ich alles schon geschafft habe in meinem Leben.« In ihr war Dankbarkeit entstanden: für ihre Familie, ihr Zuhause und die Firma, die sie selbst aufgebaut hatte. Sie berichtete später, dass ihre Mutter plötzlich wie verwandelt gewesen sei, was daran lag, dass sie anders auf sie zugegangen war. Im Betrieb fand sie eine neue Mitarbeiterin, die wunderbar passte und für viel Ausgleich im Team sorgte. Einer anderen Frau in der Firma, die sie immer als feindselig wahrgenommen hatte, konnte sie plötzlich mit Respekt begegnen – und die Frau war wie ausgewechselt und fortan ein großer Gewinn für die Arbeit. Da sich alles so gut regelte, strahlte die Frau selbst auch immer mehr von ihrer neuen Begeisterung aus – und fühlte sich regelrecht vom Glück verfolgt. Dass sich unter diesen Umständen auch die Katze entspannen konnte und ihre Katzentoilette zu akzeptieren begann, war fast schon die natürliche Folge.

Als Teil des Ganzen wirken

Als ich an diesem Buch arbeitete, gab es einen total verrückten Praxistag. In dieser Phase des Schreibens hatte ich bei meinen Patienten noch mehr als sonst mit Engelenergien gearbeitet und andere Methoden etwas in den Hintergrund gerückt. An diesem Tag nun bat ich morgens bei der ersten Klientin Erzengel Raphael hinzu – und er bedeutete mir, mich zurückzuziehen und ihn machen zu lassen. Das war in den letzten Wochen schon ein paar Mal passiert, also setzte ich mich ein wenig abseits zu meinem Schreibtisch. Von dort aus konnte ich wahrnehmen, wie es um die Behandlungsliege herum regelrecht zu leuchten anfing und die Frau darauf sich sichtlich entspannte. Ihre Gesichtsfarbe wurde intensiver, ihre Ausstrahlung, die Stimmung im Raum, alles wurde weicher, sanfter, vitaler. Auch bei den weiteren Patienten sollte ich nur zuschauen, und einmal, als die Marienenergie an einem Mann wirkte, wurde ich eingeladen, die Hand in dieses Energiefeld über seinem Bauch zu halten. Es war unglaublich stark, pulsierend vor Lebendigkeit.

Ich staunte den ganzen Tag lang. Darüber, dass so viel geschehen konnte, wenn der Mensch zwar als Mittler zwischen himmlischen und irdischen Kräften auftritt, sich dann aber zurücknimmt, beobachtet, lernt. Darüber, wie die Patienten die Sitzungen erlebten. Gleich dreimal an diesem Tag wurde mir beschrieben, was ich getan hätte, wie sie meine warmen Hände an ihrem Körper oder meine Gegenwart neben sich gespürt hätten – dabei hatte ich jedes Mal drei Meter entfernt von ihnen gesessen und nur zugeschaut. Als ich ihnen das sagte, gab es so manchen Schreck. Ich bat sie, nochmals nachzufühlen, wie es ihnen jetzt gehe. Da wussten sie, dass es nicht besser hätte laufen können. Sie fühlten sich entspannt und auf eine kaum zu beschreibende Weise neu gestärkt und zuversichtlich.

Am Abend sagte dann auch noch der letzte Patient zu mir, heute sei etwas ganz besonders gewesen. Die anderen hatten es ähnlich ausgedrückt: Heute sei irgendetwas anders, sie spürten etwas so Neues und Heilsames in sich, wie sie es noch nicht erlebt hätten. Eine Frau hatte sich ganz schnell verabschiedet, sie sei »heute zu emotional«, und ich merkte, dass sie innerlich berührt weinen musste und das ungern zeigen wollte.

Nach diesem Tag wusste ich auf eine ganz neue Weise, was zwischen Himmel und Erde alles möglich ist. Mir war neu bewusst, dass die Rolle des Menschen heute eine ganz andere sein könnte, als bisher. Nicht mehr so extrem aktiv und in dem Glauben gefangen, dass wir alles auf dem Planeten selbst tun und regeln müssten. Sondern ruhiger, beobachtender und um Mitwirkung geistiger Kräfte bittend. Was viele gar nicht mehr glauben können: Es darf auch leicht gehen. Auch Arbeit darf eine leichte, freudige, getragene Sache sein. Wir dürfen die Dinge auch fließen lassen, wir dürfen zulassen, dass etwas entsteht, sich entfaltet, auf natürliche Weise wächst. Wir dürfen abgeben, in der besten Absicht und im Wissen, dass unser Verstand nicht die einzige und nicht einmal die wirksamste Kraft auf Erden ist. Dann wird vielleicht nicht alles in der Weise laufen, wie wir es uns in unseren Vorstellungen ausgedacht haben. Aber wir werden staunend erleben können, dass sich viele Dinge zum Guten wenden. Und Entspannung und Gelassenheit werden wir dabei zusätzlich gewinnen.

Unser Lebensweg –
und die Engel

Viele Traditionen und auch der heutige Sprachgebrauch bezeichnen unser Leben als einen Weg, den wir gehen. Wir erklimmen dabei Gipfel und durchschreiten Täler, wir gehen mal schneller, mal langsamer, wir rasten, wir freuen uns auf ein Zwischenziel, und ab und zu glauben wir den Weg verloren zu haben und wissen nicht recht weiter. Leichter geht es sich in jedem Fall, wenn man sich begleitet fühlen darf: durch liebe Menschen, mit denen man gern zusammen geht, oder durch Freunde aus der geistigen Welt, die auch dann noch helfen können, wenn man allein ist oder der menschliche Geist keine Antwort mehr weiß.

Den Lebensweg mit der Unterstützung von Engeln zu gehen stärkt einen Menschen sehr. Er fühlt sich auch in schwierigen Phasen nicht mehr einfach nur dem ausgeliefert, was passiert. Er weiß, dass er etwas tun kann, dass er sogar in den verrücktesten oder dunkelsten Momenten um Hilfe bitten kann und sie auf irgendeine Weise auch erhält. Mir fällt da das Erlebnis einer Frau ein, die auf einer Wanderung war – irgendwie ja sinnbildlich für den Lebensweg – und irgendwann nicht mehr weiterwusste. Es war ein regnerischer Apriltag und noch recht kühl. Die nächsten Häuser waren weit, und sie wollte unbedingt bis zum Abend bei ihrer Unterkunft angekommen sein. Vor ihr kreuzten sich zwei Wanderwege, es gab keinerlei Markierungen, und sie wusste: Würde sie den falschen nehmen, konnte das bedeuten, dass sie die Nacht im Freien verbringen musste. Auch die Wanderkarte half ihr nicht weiter, sie wusste einfach nicht mehr, wo sie war. Was tun?

Sie betete still zu Erzengel Raphael, der ja auch der Begleiter auf allen unseren Wegen ist, er möge ihr den richtigen Weg zeigen. Dann schaute sie sich um, ob sie irgendein Zeichen wahrnehmen könne oder ob ein anderer, ortskundiger Wanderer in der Nähe auftauchen würde. Nichts. Ratlos setzte sie den Rucksack ab, um etwas zu trinken, und wie sie mit der Flasche am Mund den Kopf hob, sah sie ihr Zeichen: Ein strahlend schöner Regenbogen spannte sich am Himmel auf. Und nicht nur das: Er schien genau über einem der möglichen Wanderpfade ein Tor zu bilden. Sofort wusste die Frau, dass dieser Weg der richtige war. Sie ging los, immer auf den Regenbogen zu, der bald verblasste. Aber in ihr blieb ein überwältigendes Gefühl von Geborgenheit und Führung. Und tatsächlich kam sie keine halbe Stunde später zu einem Wegweiser, der ihr bestätigte, dass sie bald an ihrem Ziel sein würde.

Solche Erfahrungen, das merke ich immer wieder aus den Gesprächen mit Seminarteilnehmern und Patienten, verändern etwas grundlegend im Leben: Es wächst Vertrauen in den Sinn unseres Wanderns auf dem Lebensweg. Und das unabhängig davon, ob man diesen Sinn benennen könnte. Es fühlt sich sinnvoll an, richtig. Man gewinnt den Eindruck, dass alles der Weiterentwicklung, dem Lernen und Wachsen dient. Dass alles im Sinne des großen Ganzen stimmig ist, einfach weil eine so großartige Schöpfung wie diese Welt nicht sinnlos sein kann.

Heilsam mit dem umgehen, was ist

Vielleicht sind Sie einmal alten, sehr gläubigen Menschen begegnet. Unter den Bauern im Bayerischen gibt es sie noch recht häufig. Sie beten zur Muttergottes, dass sie »es tragen können«. Sie beten also nicht für die Erfüllung bestimmter Wünsche oder das Erreichen von Zielen, nicht einmal darum, dass es leicht sein wird. Sie bitten darum, dass sie das, was das Leben ihnen bringt, tragen können. Um die Kraft, mit dem, was ihnen beschieden sein wird, umgehen zu können.

Ich finde diese demütige Haltung sehr berührend und auch sehr lehrreich. Sie zeugt von einem Weltbild, in dem die Geschehnisse nicht in Frage gestellt werden. Kein Hadern, dass es nicht so sein dürfte, wie es ist, sondern ein Akzeptieren. Kein Fordern, sondern die Demut des uralten: »Dein Wille geschehe!« Persönliche Vorstellungen davon, wie das Leben sein müsste, haben darin wenig Platz. Wenn wir ehrlich sind: Was wissen wir schon, was richtig ist? Wir wünschen uns viel Geld – aber zahlreiche Studien weltweit zeigen, dass Lottomillionäre ein paar Monate nach dem Gewinn unglücklicher sind als zuvor. Wir wünschen uns ein langes, am besten ewig währendes Leben. Aber schauen wir uns die Geschichte vom Brandner Kaspar an – hat er durch seinen Handel mit dem Tod etwas gewonnen?

Hin zur Weisheit des Herzens

Ich finde zugleich schon, dass wir unsere Wünsche ernst nehmen sollten. Sie verraten viel über das, was uns ausmacht. Und wenn sie mit einer inneren Ruhe und Klarheit zusammenkommen, können wir auch passende Schritte zu ihrer Erfüllung unternehmen. Wenn wir sie mit unserer inneren Kraft verbinden können, dann finden wir auch den

Weg. Ein Ziel, das nicht zu uns passt, wird von uns abfallen, sobald wir es nicht nur mit dem Kopf, sondern als ganzes Wesen verfolgen. In diese Balance aus Kopf und Herz zu kommen, dabei helfen uns die Wesen der geistigen Welt sehr gut.

Viele befragen ihr Herz ja deswegen nicht, weil es sich in den Krisen des bisherigen Lebens verschlossen hat. Es wurde zu oft verletzt, und diese Schmerzen wollen sie nicht noch einmal erleben. Mit einem Engel wie Erzengel Jophiel aber ist es möglich, sich als so stark und geschützt zu empfinden, dass man das Herz nach und nach wieder öffnen kann, dass man es weicher werden lässt, dass man auf die leiseren inneren Stimmen zu hören und so den Lebensweg neu zu erkunden beginnt. In seiner herzerwärmenden Ausstrahlung können wir wieder vertrauen, dass es gut ist, sein Herz zu spüren. Ich erlebe ihn als einen der sanftesten und geduldigsten Engel, der uns geradezu mütterlich umfängt, wenn wir ihn um Unterstützung bitten. Da er Wissen und Weisheit verbindet, ist er auch der ideale Partner für anstehende Prüfungen oder wissenschaftliche Arbeiten. Er erleichtert den Zugang zu anderen Bewusstseinsebenen und kann helfen, Blockaden im Herzen zu lösen.

Erzengel Jophiel

Wenn du bei mir anklopfst, schenke ich dir eine Pause. Spüre zuerst wieder die Ruhe und den inneren Frieden. Dann führe ich dich weiter auf deinem Weg. Auf einen Pfad der Weisheit und des Herzens, die du leicht mit deinem Verstand verbinden kannst. So wirst du ganz. Du wirst kraftvoll und weise. Und dann kannst du einen Neubeginn wagen, der in göttlichem Einklang, in Verbindung mit der höchsten Wahrheit stehen wird.

Zweifle nicht an dir selbst, du kennst den Weg. Prüfungen liegen auf ihm, ja. Schwierigere und leichtere Zeiten. Doch vertraue dir und deinen Kräften. Denen des Kopfes wie denen des Herzens. Und vertraue auf die geistige Welt. Hast du die Tür zu ihr irgendwann zufallen lassen – ich helfe dir, sie wieder zu öffnen. Damit die Weisheit fließen kann, die Intuition, die Inspiration. Ich bin die Brücke zwischen geistiger und irdischer Welt. Mit mir spürst du die tiefe Ruhe, die dann entsteht, wenn man beide Welten kennt und in sich vereint. Die tiefe innere Ruhe, die das ganze Leben verwandelt.

Ich erinnere mich an eine Patientin, die mir immer unendlich viele Fragen zur geistigen Welt und so weiter stellte, die ich gar nicht so einfach beantworten konnte. Einmal brachte ich sie daher – halb im Scherz – auf die Möglichkeit, sich solche Dinge von einem Engel erklären zu lassen. Der müsse das alles sicher besser wissen als ich. Sie nahm den Rat ernst und kam dann schnell auf Erzengel Jophiel. So berichtete sie später: Wann immer sie ihn herbeigebeten hatte, konnte sie

zwar nicht irgendwie etwas sehen oder etwas in ihrem Umfeld wahrnehmen, aber sie bemerkte nach einer Weile eine warme, weiche Weite in ihrem Brustraum, die dann immer noch eine ganze Zeit bestehen
blieb. Anfangs war sie verunsichert, weil sie meinte, den Engel doch
sehen zu müssen oder Worte vernehmen zu müssen, sobald sie ihre Fragen gestellt hatte. Aber es blieb dabei. Sie sah keinen Engel, und sie
vernahm auch keinerlei Botschaften oder Antworten. Aber sie spürte
diese wohlige Weite in sich, und mehrfach war es so, dass sie sich nicht
mehr an ihre Fragen erinnern konnte. Das schien aber seltsam egal zu
sein. Die Fragen und das Drängen nach Antworten schienen sich in
der neu entstandenen Weite um ihr Herz herum aufgelöst zu haben.
Wie sie meinte, konnte sie nach einer Phase des unterschwelligen
Ärgers darüber mit der Zeit lernen, gar nicht mehr so viele Fragen zu
stellen, sondern das Leben fließen zu lassen. »Manche Fragen kann
das Leben selbst vielleicht beantworten, oder?«, fragte sie mich einmal noch etwas unsicher. Da konnte ich nur nicken.

Was tut mir gut?

Bei vielen Menschen heute beobachte ich – ganz anders als bei den
erwähnten alten Bauern zum Beispiel – die Vorstellung, dass der Sinn
des Lebens nur in einer großen heroischen, absolut außergewöhnlichen
Sache liegen kann. Aber mal ehrlich: Wer erlebt das schon? Und: Die
es erleben, sind die glücklicher? Kommt es also wirklich darauf an, dass
man etwas Herausragendes tun oder erleben muss? Die Menschen, die
uns erfüllt und in sich ruhend vorkommen, was machen die anders als
wir? Ich stelle oft fest, dass sie es geschafft haben, in ihrem Alltag einen
Sinn zu finden und so ganz bewusst jeden Tag auf ihrem Lebensweg
unterwegs zu sein, ob er nun gerade über Berge oder durch Täler führt.

Ich hatte davon gesprochen, dass uns der Engel der Gnade die Last von den Schultern nehmen kann. Das kann er auch in dieser Hinsicht: Wir können ihm gewissermaßen uns selbst übergeben. Wir können uns dem Fluss des Lebens anvertrauen und alltäglich darin geborgen sein. Dann können wir uns überraschen lassen, wohin er uns führen wird. Auf diese Weise ist viel mehr möglich, als wir uns vorzustellen vermochten.

Nun haben wir natürlich alle auch unsere inneren Zwänge und Muster, Trägheiten und überkommenen Gewohnheiten. Sich da einfach nur treiben zu lassen kann auch schiefgehen. Es braucht immer die Balance aus Tun und Geschehenlassen. Sie müssen und sollten das Ruder Ihres Lebensdampfers nicht einfach komplett aus der Hand geben. Es ist Ihr Leben, und Sie tragen die Verantwortung dafür, die Ihnen auch kein Engel abnehmen will. Hier eine kleine Alltagsübung, die Ihnen den Kurs, den Sie aus tiefstem Inneren nehmen wollen, mit der Zeit immer klarer macht:

- ◆ Ziehen Sie sich jeden Abend für einen kleinen Moment zurück, sodass Sie in Ruhe über den Tag und Ihr aktuelles Leben reflektieren können. Überlegen Sie, was Sie glücklich macht, was sich gut anfühlt, was Sie erfüllt oder erfreut. Erinnern Sie sich an schöne Momente, ob große Zufälle oder winzige Begegnungen – mit einem Fremden, einem Freund oder auch einer Amsel am Weg.
- ◆ Gehen Sie Fragen wie diesen nach: Was gibt mir Kraft? Was macht mich unbeschwert? Wie fühle ich mich am meisten als »ich selbst«? Was lässt die Sonne in meinem Herzen immer wieder scheinen? Was lässt mich lachen? Was hat mich in der letzten Zeit oder überhaupt in meinem Leben glücklich gemacht, mir Sinn und Erfüllung gegeben?

Mehr ist nicht zu tun – und es kann Großes bewirken. Wenn Sie diese Reflexion jeden Abend, vielleicht direkt vorm Schlafengehen oder als Pendler auch auf der Heimfahrt im Zug, machen, gibt Ihnen das natürlich gute Gefühle und mehr Freude am Leben. Und es wird sich mit der Zeit eine Tendenz herausstellen, was es ist, was Ihnen so richtig guttut. Ganz von allein wird sich das Thema hervorschälen, um das es Ihnen geht. Sie werden sich fragen: Könnte ich es öfter schöner haben? Wie könnte ich besser für mich sorgen? Was kann ich besser machen? Vielleicht öfter mal Nein sagen oder weicher sein, mehr geschehen lassen und mich weniger in die Belange anderer einmischen? Was es auch sei, die Antworten werden aus Ihnen selbst kommen. Wobei Sie natürlich auch hierbei einen Engel einbeziehen können. Fragen Sie beispielsweise Ihren Schutzengel oder Erzengel Jophiel: »Wie kann ich so leben, dass ich mehr Erfüllung finde? Wie kann ich an dem, was mich erfüllt, auch meinen Alltag ausrichten?«

Das wirkt alles klein und alltäglich, sicher. Aber genau das macht ja Ihr Leben zum größten Teil aus: das, was Sie alltäglich erleben. Und mit genau dem bestimmen Sie die Richtung, die Ihr Leben nimmt. Mit der Zeit werden Sie merken, dass Sie genau das, was Sie an Kleinem und Alltäglichem erfüllt, zu Ihrem Lebensziel und zur Erfüllung führt.

Die Perspektive erweitern

Obwohl es sich auf das Alltägliche bezieht, erweitern Sie mit dieser Anregung Ihre Perspektive. Sie schauen anders auf Ihr Dasein als bisher. Das ist gerade in Krisenzeiten oder vor größeren Entscheidungen notwendig. Wie oft wünscht man sich da, die Vogelperspektive einnehmen zu können, um zu wissen, wohin die Reise geht.

Aus meiner Erfahrung kann man sich mit solchen Fragen sehr gut an Erzengel Zadkiel wenden, der einem nicht nur den Weg nach vorn weist, sondern auch hilft, die Muster zu erkennen, die einen am Vorangehen hindern. Wenn unser Schiff im Schlick feststeckt, nützt die allerschönste Zielklarheit wenig. Dann wird es der erste Schritt sein müssen, das Schiff freizubekommen. Auch deshalb wird in vielen Traditionen so viel Wert darauf gelegt, dass man die Lebensreise Schritt für Schritt geht. Jeden Moment zählt vor allem anderen der nächste einzelne Schritt.

Erzengel Zadkiel

Ich lasse dich das Leben von einer höheren Warte aus sehen. Schau es dir an, von weit oben. Eingebettet in unendlich viel Raum. Verbunden mit all den anderen Leben und Seinsweisen. Erkennst du die großartige Schönheit darin?

Ich helfe dir, deine Sichtweisen zu verändern, wo sie dich behindern, wo sie den Fluss des Lebens eindämmen oder in eine Richtung zu drängen versuchen, die er natürlicherweise nicht nehmen will. Lass ihn fließen, lass das Wasser strömen, wie es strömen will. Es weiß von deinen Ideen und Wünschen. Es achtet sie, es ist mit dir. Mit ihm erst hast du die Kraft, deine Ziele zu verfolgen, deine Visionen umzusetzen und sie im Alltag zu leben.

Wenn du es willst, bringe ich dich in deine ureigene spirituelle Kraft. Ich weite deinen Blick, und damit weiten sich auch deine Möglichkeiten. Befreie dich aus alten Mustern! Vergib, wo du noch nicht vergeben hast! So gehst du in Leichtigkeit Schritt für Schritt weiter voran.

Mit der folgenden inneren Reise lernen Sie den Fluss des Lebens, an dem und auf dem Sie unterwegs sind, genauer kennen. Es ist eine der großen Meditationen zu Sinn und Ziel Ihres Lebens. Sie finden sie auch auf der CD, Track 7. Lassen Sie sich möglichst viel Zeit dafür.

- Notieren Sie sich auf einem Zettel die Frage: »Was ist der Sinn meines Lebens?«, »Welche grundlegende Aufgabe verfolge ich in diesem Leben?«, oder »Wodurch würde sich mein Leben erfüllt haben?«
- Setzen Sie sich, mit diesem Zettel auf dem Schoß, bequem hin und atmen Sie ein paar Mal tief und ruhig ein und aus.
- Schließen Sie die Augen und stellen Sie sich wieder Ihre große, weite Wiese vor. Blumen blühen in allen nur denkbaren Farben, Vögel zwitschern, der Himmel leuchtet in einem schönen tiefen Blau. Es ist warm, und Sie spüren eine angenehme Brise auf der Haut.
- Sie gehen ein paar Schritte und bemerken den Fluss des Lebens, der ruhig dahinfließt. Das Wasser glitzert in der Sonne, tausende tanzende Lichtfünkchen. Suchen Sie sich an seinem Ufer einen angenehmen Platz, an den Sie sich gemütlich hinsetzen können, um dem Fließen des Wassers zuzusehen.
- Machen Sie sich, hier an Ihrem Fluss des Lebens, klar, wo Sie momentan stehen. Spüren Sie nach, wie sich Ihr Leben gerade anfühlt. Schauen Sie, was Ihnen der Fluss des Lebens in diesem Moment zeigt.
- Schauen Sie sich nun am Ufer um. Sie entdecken neben sich ein Blatt Papier. Heben Sie es auf und falten Sie ein kleines Boot daraus. Auch ein leicht ausgehöhltes Holz oder etwas Ähnliches, das Sie hier finden und das auf Sie gewartet zu haben scheint, können Sie nutzen.

- Halten Sie bewusst Ihr kleines Boot noch für einen Moment in den Händen. Legen Sie dann den Zettel mit Ihrer Frage hinein und setzen Sie es ins Wasser. Schauen Sie zu, wie der Fluss des Lebens es mit sich fortträgt. Sehen Sie ihm nach, bis es aus Ihrem Blick verschwunden ist.
- Da Sie der Fluss des Lebens lockt, beschließen Sie, noch ein wenig an seinem Ufer zu wandern. Sie laufen los, in die gleiche Richtung, die Ihr Schiffchen schon genommen hat. Sie genießen den Weg, das Gehen, das Plätschern des Wassers, das Sie begleitet.
- Plötzlich sehen Sie in einiger Entfernung vor sich einen hellen Lichtschein am Ufer. Sie gehen langsam weiter, der Lichtschein wird immer stärker und strahlender. Und irgendwann erkennen Sie die Konturen eines Engels, der Sie freundlich begrüßt: Erzengel Zadkiel.

- In seinen Händen hält er Ihr Boot, das Sie zuvor ins Wasser gelassen hatten. Erstaunt bemerken Sie, dass es sich verändert hat: Vielleicht ist es größer geworden, vielleicht besteht es jetzt aus einem ganz anderen Material oder ist bunter und farbenfroher geworden. Vielleicht aber auch strahlend weiß und hell.
- Zadkiel übergibt Ihnen Ihr Boot, sodass Sie es sich genau anschauen können. Wie sieht es jetzt aus? Wie wirkt es jetzt auf Sie? Vielleicht entdecken Sie sogar eine Botschaft auf dem Rumpf, oder es hat einen Namen erhalten, der Ihnen etwas sagen will. Oder Zadkiel sagt etwas zu Ihnen oder deutet mit einer Geste etwas für Sie Wichtiges an.
- Ist der Zettel mit Ihrer Frage noch in dem Boot? Wenn ja, dann entfalten Sie ihn. Steht etwas anderes darauf, eine Antwort? Oder noch immer die gleiche Frage, aber sie fühlt sich jetzt anders an für Sie? Oder ist der Zettel mitsamt der Frage verschwunden, da sie

nicht mehr relevant ist? Nehmen Sie es, wie es ist. Auch wenn Sie vielleicht noch nicht verstehen, was das alles bedeutet.

* Wenn es für Sie wichtig ist, fragen Sie Zadkiel noch nach dem nächsten Schritt, der für Sie in Richtung auf Ihr Lebensziel ansteht. Lauschen Sie mit allen Sinnen auf die Antwort.
* Nun wird es allmählich Zeit, sich zu verabschieden. Setzen Sie Ihr Boot wieder ins Wasser, in dem tiefen Vertrauen, dass der Fluss des Lebens es genauso wie Sie auf die allerbeste Weise immer dorthin tragen wird, wo Sie sein sollten. Bedanken Sie sich beim Fluss des Lebens und bei Erzengel Zadkiel und verabschieden Sie sich.
* Kommen Sie dann allmählich wieder in Ihrem Körper und in Ihrer gewohnten Umgebung an.

Versuchen Sie, völlig offen zu sein, wenn Sie diese oder eine ähnliche Übung machen, die Ihnen einen klareren Blick auf Ihren weiteren Weg zeigt. Es ist alles möglich. Und wir alle haben unterschiedliche Phasen im Leben. So kann es beim einen darum gehen, sich für Spirituelles zu sensibilisieren, während es für jemand anders jetzt wichtig sein kann, erst mal richtig auf der Erde anzukommen, mal das Körperliche, Geschäftliche, Materielle auf die Reihe zu bekommen, bevor er zu neuen geistigen Höhenflügen ansetzt.

Weiterentwickeln muss sich jeder, das erkennen Sie schnell an den Menschen, die es nicht tun. Sie erstarren, werden grau, langweilig, unausgefüllt. Wie die Weiterentwicklung aber aussieht, das ist völlig verschieden. Und ja auch gar nicht immer sichtbar für Außenstehende und oft nicht einmal für die Betroffenen selbst. So gehören Phasen der Stagnation, des Stillstands ebenso dazu, in denen sich das System neu stabilisiert und alles verarbeitet, was zuvor in einer bewegteren Zeit gesammelt und aufgenommen wurde. Es ist daher oft nicht

hilfreich, wenn wir solche Zustände bewerten und damit argumentie-
ren, wie »weit« wir schon sind oder eben nicht. Was sich im tiefsten
Inneren abspielt oder vorbereitet, wissen wir selten, und vieles auf
unserem Weg verstehen wir erst im Nachhinein. Wie schon der Phi-
losoph Sören Kierkegaard sagte: »Leben lässt sich nur rückwärts verstehen, muss aber vorwärts gelebt werden.«

Mit Herz und Verstand auf dem eigenen Weg

Ob Sie Ihren Weg als spirituell bezeichnen wollen oder nicht, ob Sie
um Ihre Lebensaufgabe oder Ihr größeres Ziel wissen oder nicht, ob
Sie nach diesen Dingen überhaupt fragen oder nicht – was mir für ein
erfülltes Leben immer wichtig scheint, ist die Verbindung von Kopf
und Herz. Wir haben uns über sehr lange Zeit dahin entwickelt, dem
Kopf den absoluten Vorrang zu geben. Und selbst wenn wir das heute nicht mehr so wollen, es ist tief in uns drinnen. Aber dann sind
wir irgendwie nur halb – und weder erfüllt noch kraftvoll. Wenn Sie
merken, dass Sie wieder einmal in Gedankenschleifen festhängen und
sich damit selbst wehtun oder blockieren, probieren Sie am besten
diese nette kleine Übung:

- ◆ Gehen Sie mit der Aufmerksamkeit in Ihr Herz. Stellen Sie sich
  vor, wie aus Ihrem Herzen zwei Hände hervorwachsen. Zwei Arme
  kommen zum Vorschein und werden immer länger.
- ◆ Bald sind die Arme so lang, dass Sie Ihren Kopf damit umarmen
  können. Legen Sie diese Herzensarme also um Ihren Kopf, stüt-
  zen Sie ihn mit den Herzenshänden und halten Sie ihn so für eine
  Weile warm und geborgen.

So klein diese Übung ist, sie verändert sofort etwas. Manche beginnen spontan zu lachen, andere fühlen, wie ein Strom von Wärme durch den ganzen Körper geht. Wieder anderen fließen die Tränen über die Wangen, weil sie so berührt sind. Eine Frau sagte einmal: »Jetzt weiß ich wieder, dass alles zusammengehört.« Genau das ist es, alles gehört zusammen, Kopf und Herz sind eine Einheit. Gefühle und Gedanken, alles darf da sein. Alles gehört zu uns und ist mit uns auf dem Lebensweg.

Wenn Sie noch Schwierigkeiten mit dieser Umarmung haben, bitten Sie insbesondere Erzengel Jophiel um Unterstützung. Und bleiben Sie einfach dran. Vielleicht sind die Arme aus dem Herzen anfangs einfach noch zu kurz. Oder der Kopf wehrt sich gegen die Umarmung, weil er so viel liebevolle Zuwendung nicht gewohnt ist. Bleiben Sie dran, vielleicht geht es erst beim fünften Mal. Lassen Sie sich von Jophiel auch darin unterstützen, es so anzunehmen, wie es gerade ist. Sie sind auf dem Weg – und das ist wunderbar.

Übrigens geht es auch andersherum. Vielleicht kennen Sie diesen Zustand in schwierigen Momenten oder einer besonders herausfordernden Lebensphase: Das Herz ist schwer und traurig, aber der Kopf weiß ganz genau, dass der Weg der richtige ist und man durch diese Periode jetzt einfach durchgehen muss. In so einer Stimmungslage können Sie auch Arme aus dem Kopf wachsen lassen, die das Herz umarmen, trösten und ihm sagen: »Alles ist gut, wir sind auf dem Weg, bald ist es wieder leichter.«

Selbst zum
Engel werden

Jetzt haben wir einen weiten Bogen durch verschiedene Lebensbe-reiche und Themen gemacht – und sind überall auf die mögliche Hilfe der Engel gestoßen. Vielleicht meinen Sie, es müsse wundervoll sein, sich so wie Ihr Schutzengel oder all die anderen Engel, die uns in den letzten Kapiteln begegnet sind, auf liebevolle und immer genau passende Weise um andere zu kümmern? Es müsse herrlich sein, ein Engel zu sein? Nun, probieren Sie es aus! Werden Sie zum Engel, für sich selbst und für andere!

Seltsamerweise erscheint die Vorstellung, ein Engel zu sein, vielen langweilig und fad. Aber sie müssen Ihr Menschsein ja nicht ablegen und können dennoch ab und an wie ein Engel sein. Und zum anderen: Würde Ihnen eine Welt nicht gefallen, in der sich die Menschen umeinander sorgen, sich gegenseitig unterstützen, gute Schwingungen verbreiten und eine liebevolle Grundenergie leben?

Dankbarkeit leben

Es gibt unendlich viele Möglichkeiten, etwas Gutes zu tun. Und je mehr man davon tut, umso reicher fühlt man sich selbst. Man hat ja so viel zu geben. Dann entsteht Dankbarkeit, und man will noch mehr zurückgeben für all das Gute, das einem selbst wider-fährt. Man nimmt das Leben anders wahr als beispielsweise ein

griesgrämiger Mensch. Es wird weiter, bunter, und es zeigt sich wohl-
wollender.

Ich will Ihnen hier nicht all das aufzählen, was Sie längst wissen – aber vielleicht doch zu selten tun. Seltener, als Sie es selbst
eigentlich wollen. Jemandem in Ruhe zuhören, Fremde anlächeln,
jemandem ungefragt einen Gefallen tun, sich auch für eine kleine
Nettigkeit mit einem Blumenstrauß bedanken oder jemandem, ohne
im Urlaub zu sein, eine Postkarte schicken, sich trauen, freundlichen
Impulsen einfach zu folgen … All solche Vorschläge kennen Sie,
und alle sind sie wunderbar. Das Lächeln beispielsweise: Es verändert
den Gesichtsausdruck und die Ausstrahlung eines Menschen komplett und bringt Freude in einen ganz normalen Gang zum Einkaufen
oder ins Warten auf den Bus. Es verändert die Energie zwischen zwei
Personen – ein bisschen so, wie Sie es in der Begegnung mit einem
Engel erleben können. Und sicher fallen Ihnen tausend mehr Dinge
ein, die Sie an Gutem und Herzlichem tun können.

Manchmal allerdings, wenn mir Patienten von wirklich schlim-
men Phasen in ihrem Leben erzählen, wird mir bewusst, dass ich
nichts weiter tun kann, als Achtung vor ihrem Schicksal zu zeigen.
Jedes »Das tut mir leid« wäre viel zu klein. Und auch ein »Ich kann
nachempfinden, was Sie durchgemacht haben« stimmt nicht. Denn
nein, ich habe es nicht erlebt, unschuldig im Gefängnis zu sitzen oder
den Tod des eigenen Kindes zu betrauern. Ich kann nicht jeden Menschen verstehen und muss auch nicht jeden mögen, aber ich kann
seinen Lebensweg achten und ohne Wertung anerkennen.

Stellen Sie sich vor, wir alle würden etwas mehr von dieser Haltung in den Alltag bringen. Wie schnell wären Klatsch und Tratsch,
Gemecker und Genörgel verschwunden? Man würde den anderen
respektieren und sich ihm mit Interesse zuwenden. Ohne Vorurteile

und vorgefasste Meinungen. Das würde die Energie von Begegnungen komplett verändern. Und da Sie ja mittlerweile auch schon dem einen oder anderen Engel begegnet sind: Würde es die Schwingung unserer Begegnungen nicht dem annähern, was wir im Kontakt mit Engeln erleben?

Ihre Weise, Engel zu sein

Eine sehr schöne Übung könnte es ein, wenn Sie direkt Ihren Lieblingsengel fragen, was Sie am besten tun könnten, um zu einem Engel zu werden. Die Antwort wird dann sicher keine sein, die man immer mal so hört. Sie wird vielmehr zeigen, wie Sie als Individuum mit Ihren speziellen Gaben und in Ihrer aktuellen Situation am allerbesten wirken können – für sich selbst und für alle anderen.

- ✦ Nehmen Sie sich ein weißes Blatt Papier und schreiben Sie groß die Frage darauf: »Wie kann ich für mein Umfeld zum Engel werden?«
- ✦ Legen Sie das Blatt auf den Boden und stellen Sie sich darauf. Spüren Sie in Ruhe die Energie, die Sie jetzt von unten her, von diesem Blatt und Ihrer Frage her wahrnehmen. Wie fühlt es sich an? Welche Empfindungen steigen auf, welche Gedanken oder Ideen?
- ✦ Bitten Sie nach einer Weile Ihren Schutzengel oder einen anderen Engel zu sich. Oder fragen Sie in den Raum, welcher Engel Ihnen jetzt helfen könnte. Stellen Sie ihm die gleiche Frage: »Wie kann ich für mein Umfeld zum Engel werden?«
- ✦ Lauschen Sie auf die Antwort und seien Sie offen für alles, was sich zeigen will, ob visuell, akustisch, über ein Gefühl oder einen Gedanken.

◆ Wenn Sie wollen, können Sie sich mit dem Engel weiter darüber austauschen, bis Ihnen ganz klar ist, was jetzt ansteht. Sie sollten auch eine innere Freude spüren, wenn Sie daran denken, auf die erfahrene Weise nun tatsächlich zum Engel zu werden.

Vielleicht wird Ihnen dabei sofort klar, was es ist, so klein es auch sei: An die vielen Mails, die Sie tagtäglich verschicken, nicht einfach ein »MfG« zu hängen, sondern vielleicht ein »Einen schönen Tag wünscht mit herzlichen Grüßen …«. Oder nicht mehr mitzumachen, wenn die Kolleginnen über bestimmte Leute im Büro lästern, und stattdessen einfach nur zu schauen, was Sie an guten Eigenheiten an diesen bislang Verschmähten wahrnehmen können.

Häufig sind die Botschaften, die aus dieser Übung resultieren, aber sehr viel subtiler. Vielleicht spüren Sie eher eine Veränderung im Körper, die Betonung einer Körperpartie oder einen Sog in eine bestimmte Richtung. Lassen Sie sich darauf ein und bleiben Sie gelassen, wenn Sie nicht verstehen, was das Ganze soll. Interpretieren Sie nicht gleich. Suchen Sie nicht zu schnell nach der Lösung, sondern registrieren Sie erst einmal in Ruhe alle Wahrnehmungen. Falls Ihnen auch der Kontakt mit dem Engel nicht viel mehr Klarheit verschafft – nur Geduld. Lassen Sie das Erlebte in sich wirken und denken Sie immer mal wieder daran. Es wird selbst die kleinste Veränderung ganz sicher in immer wieder neuen Facetten in Ihr Gedächtnis bringen, bis Sie wissen, was gemeint ist.

Eine Frau erzählte mir zum Beispiel, dass sie bei dieser Übung zunächst ganz warme Füße bekommen hatte. Der Engel, es war Erzengel Metatron, zeigte sich sehr groß und mächtig. Sie aber verstand anfangs nicht, was er ihr sagen wollte. Die auffallend warmen Füße fühlten sich gut, aber sehr ungewohnt an, war sie doch jemand, der immer wieder unter Eisfüßen litt. Mit der Zeit begriff sie, dass viel mehr gemeint war: Es ging darum, dass sie sich besser erden sollte, dass sie den Kontakt zum Boden, zu den Füßen und zur Erde intensiver wahrnehmen sollte. Wenn sie dann in Beziehung zu anderen ginge, wäre sie kraftvoller, entspannter, klarer und sogar mit der geistigen Welt intensiver verbunden. Tatsächlich hatte sie sich in der Übung als sehr stark empfunden und in einer tiefen inneren Sicherheit und Ruhe, die bestimmt ansteckend waren. Da brauchte sie noch nicht mal viel zu sagen, um etwas bewirken zu können. Sie ahnte noch ganz vorsichtig, dass diese große Macht, die sie als Metatron wahrgenommen hatte, auch in ihr war. Sie fühlte eine große innere Freiheit, als hätten sich Grenzen aufgelöst, die sie zuvor behinderten. Es war, als würden plötzlich ganz neue Wege vor ihr sichtbar.

136

Unermessliches Potenzial in jedem von uns

Einen solchen Engel wie Metatron wahrzunehmen ist eine unbeschreibliche Erfahrung. In einem Seminar sagte ein Teilnehmer noch ganz beeindruckt: »Wenn man den kennt, braucht man nichts anderes mehr.« Diese unermessliche Weite seines Wesens erinnert stark an die Weite des Meeres, die immer noch begrenzt ist, aber für uns bereits unermesslich. Deswegen nutze ich gern eine geführte Meditation zum Kennenlernen der ungeheuren Energie und des unendlichen Schöpferpotenzials von Metatron, die die Weite des Meeres einbezieht. Inspiriert wurde ich dazu von der Geschichte vom träumenden Delfin, die Sergio Bambaren so schön erzählt: Einem jungen Delfin sind die eng abgesteckten Kreise seiner Familie in einem Riff zu eng. Alle schwim-

Erzengel Metatron

Ihr nennt mich den, der am nächsten an Gott ist. Ungreifbare Weite bin ich, alles und nichts. Unendlicher Raum, unendliches Potenzial, unendliche Möglichkeiten. Als Engel der göttlichen Gegenwart bin ich Allwissenheit und höchste Weisheit. Ich bin die Aufforderung an dich, zu deiner wahren Kraft zu erwachen. Über deine vermeintlichen Grenzen hinauszugehen. Zu deiner Größe heranzuwachsen.

Ich bin der Hüter der Reiche, der Schöpfer der äußeren Welt und damit auch der Geburtshelfer deiner inneren Schöpferkraft. Mit mir besteigst du die Gipfel, die niemand zuvor bestiegen hat, durchschwimmst die Meere, in die sich bisher niemand wagte, und denkst Gedanken, die bislang undenkbar schienen. Du entdeckst die Fähigkeiten, die du an dir bisher nicht kanntest, die dich aber zu dem machen, der du sein wolltest, als du hierherkamst.

Wenn du deine Grenzen sprengst, tu es in tiefer Liebe und zum Wohle des Ganzen. Dann wird es gelingen. Gehst du mit mir, gehst du einen Weg, den du zuvor nicht für möglich hieltest. Einen Weg ohne jedes Müssen, einen Weg des freien, freudigen und kraftvollen Ja zum Sein.

men immer nur dorthin, wo alle eben immer nur hinschwimmen. Das reicht ihm nicht. Mutig wagt er sich hinaus, um die wahre Weite der Welt zu entdecken. Er ringt um seinen eigenen Weg, sprengt die Grenzen dessen, was unter den Seinen als normal und möglich gilt, macht ungewöhnliche Bekanntschaften, die ihn weiterlernen lassen – und findet nicht zuletzt zu sich selbst und seiner wahren Kraft.

Was könnte besser zu Erzengel Metatron passen, der uns ebenfalls anregt, Grenzen zu sprengen und das scheinbar Unmögliche zu wagen, die Weite zu erkunden und die eigene Schöpferkraft zu entfesseln? Sich mit Engeln zu beschäftigen, das klingt so harmlos und wird so gern belächelt. Doch wie Sie in diesem Buch hoffentlich mehrfach erahnen oder gar klar erkennen konnten: Es ist sehr machtvoll und kann das ganze Leben ändern. Wie der junge Delfin der Geschichte können Sie damit persönliche Barrieren überwinden und andere anstecken, sich ebenfalls auf den Weg zu machen. Die unendliche Weite der Welt, die immer auch die unendliche Weite im eigenen Inneren ist, zu entdecken, zu erfahren, zu erspüren kann Sie immer näher zu Ihrer ureigenen Kraft führen. Und damit zu dem, was Sie selbst zum »Engel« werden lässt, zu einem Wesen, das im Sinne des Ganzen für sich selbst und für andere in wunderbarster Weise wirkt. Die folgende Meditation gibt Ihnen eine Erfahrung dieser Weite und eine Begegnung mit Erzengel Metatron. Sie finden sie auch auf der beiliegenden CD als Track 8.

◆ Setzen oder legen Sie sich entspannt hin und atmen Sie ein paar Mal tief ein und aus. Schließen Sie die Augen und entspannen Sie Ihren Körper und Ihren Geist. Lassen Sie aufkommende Gedanken einfach weiterziehen wie Wolken am Himmel.

◆ Stellen Sie sich nun einen Sandstrand vor, wunderschön und einladend. Unter einem hellblauen Himmel erstreckt sich das ruhige blaue Meer vor Ihnen, und Sie spüren den warmen, weichen, feinen Sand unter Ihren Füßen. Sanft plätschern kleine Wellen ans Ufer. Sie genießen die Ruhe und den Frieden dieses paradiesischen Ortes.

- Plötzlich entdecken Sie im Wasser ganz nah vor Ihnen eine Gruppe Delfine, die munter herumspringen und vor Freude ihre lustigen Quiekgeräusche machen. Es scheint so, als ob sie Sie einladen würden, mit ihnen zu spielen.

- Sie gehen näher zum Ufer, und tatsächlich kommt einer der Delfine auf Sie zu. Er scheint zu lächeln und einladende Bewegungen zu machen.

- Sie gehen langsam ins warme seichte Wasser hinein und zu dem Delfin hin. Er schwimmt vorsichtig auf Sie zu, ganz langsam, damit Sie sich an ihn gewöhnen können. Bald schwimmen Sie gemeinsam mit ihm und genießen die angenehme Wärme seines Körpers, der sich Ihnen immer wieder nähert.

- Irgendwann trauen Sie sich, auf dem Delfin zu schwimmen und sich so an ihm festzuhalten, dass Sie nun mit ihm mitgleiten können, ohne sich anzustrengen. Er schwimmt ein paar Runden und bietet Ihnen dann an, Ihnen seine Welt zu zeigen.

- So schwimmen Sie mit ihm ein wenig hinaus aufs offene Meer. Durch das glasklare Wasser erkennen Sie Fische in den unterschiedlichsten Farben, ein bunt schimmerndes und über und über lebendiges Riff, kleine Seepferdchen schwimmen vorbei, überall Frieden und Schweben und Leben. Sie schauen und staunen und fühlen sich geborgen und sicher auf Ihrem Delfin.

- Sie spüren eine tiefe Ahnung von der Unermesslichkeit des Lebens, als der Delfin mit Ihnen das Riff verlässt und hinaus in die unendliche Weite des Meeres schwimmt. Weiter und weiter hinaus, bis es nur noch Blau wahrzunehmen gibt, blaues Wasser, blauer Himmel, blaue Weite. Unendlich weit und grenzenlos.

◆ Sie spüren in Ihrem Herzen und in jeder Ihrer Zellen die große Freiheit, die Ihr wahres Wesen ausmacht. Sie lassen zu, dass auch in Ihnen die Weite Raum gewinnt, unendliche Weite, unendlicher Raum. Ein Meer an Möglichkeiten. Alle Begrenzungen liegen hinter Ihnen, alles, was geschieht, dient neuen Erfahrungen, der Erweiterung des Bewusstseins, dem Wachsen und Werden allen Lebens und der Liebe des Seins.

◆ In dieser unermesslichen Weite durchfährt Sie mit einem Mal die Gewissheit: Dieser unendliche Raum, das ist Erzengel Metatron. Gestaltlose Weite, Potenzial aller Schöpfung. Sie spüren seine Schwingung in allem um Sie her, Sie spüren sie in jeder Ihrer Zellen.

◆ So liegen Sie auf Ihrem Delfin, spüren seine liebvolle Wärme, hören sein freundliches Lachen und erleben zugleich diese Weite um sich her. Sie spüren sie auch in sich, in Ihrem Körper, in Ihrem Herzen. Weit ist es dort, unendliches Potenzial, unendliche Möglichkeiten, die sich entfalten könnten.

◆ Sie genießen diese Erfahrung mit allen Sinnen und danken Metatron für diese unschätzbare Lehre.

◆ Bitten Sie Ihren Delfin, Sie nun zurück ans Ufer zu bringen. Er durcheilt das Meer, bald sehen Sie in der Ferne das Land, das rasch näher kommt. Schon schimmert die Farbenfreude des Riffs unter Ihnen hervor, und da sind Sie bereits im flachen Wasser vorm Strand angekommen. Sie danken dem Delfin von Herzen für diesen Ausflug.

◆ Legen Sie sich ans Ufer, schließen Sie die Augen und spüren Sie dem Erlebten noch etwas nach.

◆ Wenn Sie so weit sind, beginnen Sie sich zu rekeln und zu dehnen und öffnen die Augen, um wieder in Ihrem Zimmer und in Ihrem Alltag anzukommen. Eine Ahnung der großen Weite bleibt weiterhin in Ihrem Herzen …

Diese Meditation bietet die Erfüllung einer uralten Sehnsucht. Meist schauen wir ja vom Land aus aufs weite Meer und sehnen uns hinaus in diese Unendlichkeit. So wie wir oft im Alltag davon träumen, wie es wäre, ganz anders, »richtig« zu leben. Selbst zum Engel zu werden, das heißt auch, für sich selbst zum Engel zu werden und sich selbst zu helfen, sein ganzes Potenzial zu entfalten und all die Welten zu entdecken, die außen, aber vor allem auch im eigenen Inneren, auf Entdeckung warten.

Wir alle machen immer wieder auch schmerzvolle Erfahrungen und stoßen an unsere Grenzen. Doch aller Schmerz auf unserem Lebensweg ist vergänglich, Wunden heilen, und aus leidvollen Ereignissen schimmern im Nachhinein oft sogar Perlen hervor. Wie alles in der Natur wandelt sich auch unser Wesen. Mit der Zeit bekommen wir ein Gefühl dafür, dass dieser ganze Weg unserem Heilwerden dient, der Ganzwerdung unserer Seele, der Vervollkommnung unseres Seins. Und wenn wir dann ganz in unserer Mitte, im Zentrum unserer selbst, angekommen sind, vielleicht sind wir dann tatsächlich zum Engel geworden. Vielleicht haben wir dann die Energie eines Engels, voller Wärme, Geborgenheit und Liebe.

Bis es aber so weit ist, sollten wir uns so genießen, wie wir sind. Uns mit all dem annehmen und einbringen, was uns ausmacht. Uns mit unseren Stärken ebenso wie mit unseren Schwächen akzeptieren, mögen und lieben. Genau das tun unsere Engel nämlich auch mit uns. Sie sind Freunde, die uns lebenslang bedingungslose Liebe schenken.

Ich wünsche Ihnen, dass Sie in Ihrem Alltag immer häufiger Kontakt ins Reich der Engel aufnehmen, dass Sie sich den göttlichen Energien ganz öffnen und sich von ihnen berühren, helfen und heilen lassen. Dass Sie darauf vertrauen, dass unsere Lebenswege leichter werden, wenn wir uns von Engeln begleiten lassen. Dass Sie das himmlische Geschenk, das in Gestalt der Engel auf Sie wartet, von ganzem Herzen annehmen.

Die Engel im Überblick

Die CD zum Buch

Track 1 Meditation zum Kennenlernen und Befragen
des Schutzengels

Track 2 Reisen mit dem Schutzengel

Track 3 Kontakt zu dem Engel, der sich gerade zeigen will

Track 4 Meditation mit Erzengel Raphael mit der Bitte um
Unterstützung bei der Genesung

Track 5 Reinigungs- und Heilmeditation mit Erzengel Gabriel

Track 6 Herzensmeditation mit der Marienenergie

Track 7 Meditation mit Erzengel Zadkiel zur Frage:
Was ist der Sinn meines Lebens?

Track 8 Delfinmeditation: Die Weite Metatrons

© Herbert J. Matzelberger

Johanna Hetzner ist seit vielen Jahren als klassische Homöopathin und Heilpraktikerin tätig. In ihrer Heilpraxis setzt sie darüber hinaus Methoden der energetischen Medizin ein, wie Quantenheilung, Pranaheilen, systemische Aufstellungen und andere. Sie ist seit Kindheit hellsichtig und in engem Kontakt mit den Engeln. Neben ihrer Praxistätigkeit gibt sie Seminare sowohl für Heiler als auch für interessierte Laien. Johanna Hetzner lebt in Traunstein im Chiemgau.

www.heiler-in-dir.de
www.homoeopathie-hetzner.de